Muss ich jetzt was machen

— oder wächst das von allein?

THOMAS HESS

Inhalt

5 JANUAR
Der Garten kommt unter die Haube

13 FEBRUAR
Kälte, Schnee und zarte Pflänzchen

21 MÄRZ
Frühjahrsputz im Garten

35 APRIL
Den Grundstein für die Saison legen

49 MAI
Auf die Plätze, fertig, los!

65 JUNI
Der Garten steht nun in voller Blüte

75 JULI
Wasserträger und Gartengenießer

93 AUGUST
Früchte zum Ernten, Beete zum Jäten

101 SEPTEMBER
Gut gepflanzt, ist halb geerntet

113 OKTOBER
Kunterbunte Blätter im Beet willkommen

121 NOVEMBER
Alles klar, der Winter kann kommen

129 DEZEMBER
Gut geplant ist halb geerntet

136 SERVICE
136 Nützliche Adressen
137 Der Autor
138 Register

Winterschneeball

JANUAR
Der Garten kommt unter die Haube

Der Januar ist oft der schneereichste Monat. In manchen Gartenecken ist die weiße Schneehaube ein guter Schutz vor Frost, anderswo sollte man sie dagegen unbedingt entfernen. Schnee ist Fluch und Segen zugleich.

ISOLIERENDE SCHNEEHAUBEN

Wintergemüse oder Stauden sind unter der Schneedecke vor Kahlfrösten sicher – also Frösten, die unter sternklarem Himmel besonders heftig ausfallen. Durch die vielen Lufteinschlüsse wirkt Schnee isolierend – auch wenn es Stein und Bein friert, liegen die Temperaturen unterm Schnee knapp unter dem Gefrierpunkt. Gegen leichte Pulverschneehauben haben auch Immergrüne nichts, sie weht bei Wind ohnehin weg. Mit steigenden Temperaturen wird Pulverschnee allerdings nasser und schwerer. Fegen Sie spätestens jetzt Hecken und Immergrüne ab, deren Äste sonst abbrechen.

WÄSSERN & ERNTEN

Wieder sind es die Immergrünen, die etwas Aufmerksamkeit wollen – vergessen Sie an frostfreien Tagen das Wässern nicht. Aber der Januar bietet nicht nur Arbeit, sondern mit Wintergemüse auch Genuss. Ernten Sie Kohlköpfe oder Rosenkohl aber nur in aufgetautem Zustand, denn gefrorenes Gemüse ist druckempfindlich und solche Stellen werden nachher rasch matschig.

Bodyguards im Winter

Mit kleinen Tricks kommen Pflanzen bestens durch die kälteste Zeit des Jahres: Kälteschutz und Wassergaben für Immergrüne stehen im Fokus.

Kalkfarbe anpinseln

Winterschutz

NASSER, PAPPIGER SCHNEE IST SCHWER UND FINDET AUF IMMERGRÜNEN UND AUCH STRÄUCHERN MIT SEHR VIELEN DÜNNEN ZWEIGEN EINE PERFEKTE AUFLAGEFLÄCHE. GUT FÜR DEN SCHNEE, SCHLECHT FÜR DIE PFLANZE.

KALKFARBE ALS SCHUTZ

Kalkfarbe dient frei stehenden Zier- und Obstbäumen als Frostschutz, bremst hungriges Wild und verhindert als Faltencreme die Moosbildung: Das Sonnenlicht wird reflektiert, sodass sich der Stamm tagsüber nicht aufheizt und sich der hohe Temperaturunterschied zu den eisigen Nächten nicht in längs aufgeplatzten Rissen entlädt.

Kaninchen und Rehe knabbern gerne die zarte Rinde junger Bäume ab, in die dicke, bittere Kalkschicht beißen sie allerdings nicht – sie suchen sich lieber woanders unbehandeltes Futter. Bevor man die Farbe aufpinselt, sollte man lose Rindenstücke und Moos mit einer Drahtbürste abschrubben. Behandeln Sie vor allem die senkrecht stehenden Stammpartien mit der Kalkfarbe.

CHECKLISTE

- **STÄMME** von Gehölzen mit Kalkfarbe schützen
- **IMMERGRÜNE** an frostfreien Tagen wässern
- **GRÄSER** gegen Nässe einwickeln
- **SCHNEELASTEN** regelmäßig abfegen
- **ROSEN** gut einpacken
- **VORSORGE:** neue Gehölze durch Stecklinge

Rosen anhäufeln

Steckhölzer in Sandsubstrat

STECKHÖLZER SCHNEIDEN

Weigelien, Duftjasmin, Forsythien oder auch Johannisbeeren kann man mit Steckhölzern vermehren. Das sind einjährige, bleistiftlange und am unteren Ende schräg abgeschnittene Triebstücke, die mit dem schrägen Ende so in lockere Erde oder Sand kommen, dass sie einen Finger breit herausragen und bis zum Sommer bewurzeln.

WASSER FÜR IMMERGRÜNE

Immergrüne leiden im Winter besonders: Die Blätter verdunsten zwar Wasser, bei Dauerfrost liefern die Wurzeln aber nichts nach und es drohen Trockenschäden. Wässern Sie daher an frostfreien Tagen ausgiebig und vergessen auch winterharte Pflanzen in Kübeln nicht.

SCHUTZMANTEL FÜR GRÄSER

Hohen Gräsern wie Pampasgras macht nicht Frost, sondern winterliche Nässe zu schaffen. Binden Sie den vertrockneten Blattschopf einfach an den Blattspitzen zu einer Art Zelt zusammen, an dem das Wasser abläuft und der Schnee einfach abrutscht.

Ausgepflanzte Hanfpalmen haben mit einem Bastmantel gute Überlebenschancen: Binden Sie die Blätter hoch, schützen Sie das Pflanzeninnere mit Stroh und wickeln Sie eine Bambusmatte um die Pflanze.

SCHNEEHAUBEN VERMEIDEN

Bambus, Wacholder oder Kirschlorbeer brechen unter einer nassen, schweren Schneeschicht auseinander. Schütteln oder fegen Sie Schneehauben regelmäßig ab und halten auch Teiche und Gewächshäuser schneefrei. Den Häusern wird die Schneelast rasch zu schwer, auf dem Teich wirkt Schnee wie eine Sonnenbrille und nimmt den auch im Winter aktiven Unterwasserpflanzen das Licht weg.

ROSEN EINPACKEN

Beetrosen brauchen keine wärmende Rundumpackung, ihnen reichen Kompost, Rindenmulch oder Fichtenreisig, damit die Veredlungsstelle zwischen Unterlage und Edelsorte gut geschützt ist. Stammrosen umwickelt man mit Hasendraht und füllt den Zwischenraum mit Laub auf oder man packt ihre Krone in Laub und umwickelt sie kugelförmig mit Draht.

Die Saison beginnt schon im Januar

Wintergemüse vertragen Frost, manche Arten brauchen aber etwas Schutz. Das Frühbeet ist schon im Einsatz, es muss gelüftet und gewässert werden. Es gibt einiges zu tun.

Fruchtmumien sind Infektionsherde.

FRUCHTRESTE ENTFERNEN

Wo kommt denn das schon wieder so schnell her? Das fragt sich der Hobbygärtner im Frühling oft, wenn seine Apfelbäume schon früh im Jahr schorfig werden, die Kirschen wieder Monilia (Spitzendürre) bekommen oder weitere Obstgehölze von anderen Pilzen überfallen werden. Eine wichtige Infektionsquelle sind Fruchtmumien – also vertrocknete Früchte, die am Baum hängen bleiben. In denen fast alles überwintert, was den Obstbäumen das Leben schwer macht. Schlagen Sie die Fruchtmumien mit einem Stock ab und entsorgen Sie diese im Hausmüll oder in der Biotonne – nicht auf dem Kompost, die Pilze sind überaus hartnäckig.

WINTERGEMÜSE: ERNTEN UND ABDECKEN

Porree, Kohl und viele andere Gemüsearten vertragen Frost und liefern auch im Winter frische Vitamine. Manche wie Spinat oder Feldsalat schätzen bei Kahlfrösten eine Abdeckung mit einem Schutzvlies, andere wie Rosenkohl oder Porree bleiben einfach in dem Beet, in dem man sie im Herbst ausgesät hat. Auch wenn Porree im Beet frisch bleibt, bequemer ernten lässt er sich mit einem Trick: Holen Sie sich die Stangen einfach ans Haus. Graben Sie die Porreestangen an frostfreien Wintertagen samt Wurzelballen aus und schlagen sie in einer wasserdurchlässigen Kiste mit Erde ein. Diese stellen Sie dann geschützt einfach an der Wand auf – fertig ist das Minibeet direkt um die Ecke am Haus.

Rosenkohl erntet man immer frisch vom Beet, die dicksten Röschen zuerst, damit die kleineren noch wachsen können. Brechen Sie die einzelnen Röschen einfach seitlich vom Strunk weg oder schneiden Sie sie mit einem Messer ab. Möglichst von unten nach oben. Frost erhöht bei Kohlgemüse den Zuckergehalt und macht es aromatischer – und Rosenkohl zarter. Der Grund ist einfach, die Fotosynthese liefert auch im Winter noch Zucker, es wird durch den kältebedingten reduzierten Stoffwechsel der Pflanzen aber weniger verbraucht. Das bekommt man in keinem Gefrierfach hin!

GEWÄCHSHÄUSER SCHNEEFREI HALTEN

Schnee ist sehr schwer und kann als dicke Schneehaube Gewächshausdächer oder auch Beeteinfassungen aus Buchsbaum beschädigen. Fegen Sie den Schnee daher nach ergiebigen Schneefällen von den ge-

Porree ist frostfest.

Vielfalt gegen Krankheiten

MISCHKULTUREN: GUTE NACHBARN – SCHLECHTE NACHBARN

Gute Nachbarn passen aufeinander auf und halten sich Schädlinge vom Leib. Darum geht's bei der Mischkultur, man pflanzt unterschiedliche Arten nebeneinander oder sogar in dasselbe Beet. Klassiker sind Sellerie zwischen Tomaten oder Kohl, Möhren zwischen Porree oder Zwiebeln sowie Kohlrabi und Salat. Generell gehen sich Mitglieder einer Pflanzenfamilie gerne aus dem Weg – sie bekommen dieselben Krankheiten und Schädlinge und reichen sie auch weiter. Bauen Sie Kartoffeln und Tomaten, Möhren und Dill oder Rote Bete und Spinat also nicht neben- oder nacheinander an. Machen Sie sich eine Skizze von den Beeten und teilen Sie diese mithilfe von Mischkultur-Tabellen auf. Achtung: Samen rechtzeitig bestellen, die besten sind oft rasch ausverkauft.

CHECKLISTE

- **INFEKTIONSQUELLEN VERMEIDEN:** Fruchtmumien abschlagen
- **WINTERGEMÜSE:** Erntezeit und Schutz für Verbleibendes im Beet
- **SCHNEE** vom Gewächshausdach entfernen
- **FRÜHBEETE** an sonnigen Tagen belüften und wässern
- **MISCHKULTUREN GEGEN KRANKHEITEN:** planen und Samen bestellen

fährdeten Flächen – je flacher Gewächshausdächer sind, desto mehr sind sie gefährdet. Auf Beeten mit überwinterndem Gemüse, wie Feldsalate oder Spinat, ist Schnee dagegen ein willkommener Schutz vor Kahlfrösten.

FRÜHBEETE LÜFTEN

Wer seine Frühbeete im Winter als Gemüselager oder als Beet für robuste Pflanzen wie Feldsalat nutzt, sollte an sonnigen Tagen unbedingt lüften. Denn auch wenn die Lufttemperaturen noch kühl sind, an sonnigen Tagen wird es in geschlossenen Frühbeeten richtig warm und Pflanzen darin können sogar Schaden nehmen. Wässern Sie dann gleich. Klingt banal, wird aber oft vergessen: Schließen Sie die Scheiben vor eisigen Nächten unbedingt wieder.

Winter-gemüse

Dieses Gemüse verspricht auch mitten im Winter frischer Vitamine aus dem Garten.

Chicorée

Chicoréewurzeln erntet man im Herbst, topft sie dicht an dicht in Maurerkübel und stellt sie kühl – man erntet dann die 15 cm langen Austriebe. Die restlichen Wurzeln bei 2 °C lagern und später eintopfen.

Feldsalat

Ein heimischer Blattsalat, den man noch im Oktober breitwürfig aussäen kann und zur Ernte einfach mit der Schere abschneidet. Die Wintersorten sind etwas kleiner und gedrungener als die Herbstsorten.

Grünkohl

Ein starkzehrendes Blattgemüse mit typisch gekräuseltem Laub – für viele das Wintergemüse schlechthin. Geerntet werden ganze Blätter. Je länger Grünkohl im Frost steht, desto milder schmeckt er.

Pastinake

Das möhrenähnliche Wurzelgemüse erinnert an Wurzelpetersilie und wird im März ausgesät. Durch den ersten Frost schmecken Pastinaken milder und passen zu Suppen oder munden auch als Püree.

Porree

Winterporree liefert den ganzen Winter bis in den April hinein Mineralstoffe wie Kalzium, Eisen und viele Vitamine. Solange der Boden frostfrei ist, steht der Ernte nichts im Weg. Danach blühen die Pflanzen.

Rote Bete

Ein sehr mineralstoffreiches Wurzelgemüse mit je nach Sorte roten, gelben oder auch weißen Wurzelknollen. Die Pflanzen lieben lehmige, aber humusreiche Böden. Schmeckt roh, gekocht oder gedünstet.

Rosenkohl

Als Rosenkohl erntet man Blattknospen, die durch Fröste immer milder werden. Bei Frost senken sich die großen Kohlblätter schützend über die Röschen. Rosenkohl liebt lehmige Erde ohne Staunässe.

Schwarzwurzel

Die Wurzelstangen sind bekömmlich, schmecken nussig, erinnern an Spargel und werden auch genauso geschält. Tragen Sie dabei Gummihandschuhe, der austretende Saft ist klebrig. Ausgesät wird ab April.

Spinat

Säen Sie im Spätherbst aus, dann können Sie die Blätter an frostfreien Wintertagen laufend abschneiden. Bei Starkfrost decken Sie das Beet mit Vlies ab, wenn es wärmer wird, geht die Ernte weiter.

Winterportulak

Die fast vergessene Pflanze mit den spinatähnlichen, vitaminreichen Blättern wird im September ausgesät – in Reihen oder breitwürfig. Zur Ernte schneidet man die Blätter laufend mit einer Schere ab.

Wirsingkohl

Die krausen Blätter sind randvoll mit wertvollen Fetten und vielen Mineralstoffen – mehr als in Rot- oder Weißkohl. Wirsing wächst schneller als anderer Kohl, man kann ihn später säen oder früher ernten.

Sämlinge in Saatschalen

FEBRUAR
Kälte, Schnee und zarte Pflänzchen

Der Februar ist in der Regel der kälteste Monat, es regt sich aber schon neues Leben. Die ersten Pflanzen werden ausgesät und Winterblüher bringen Farbe in den Garten.

PFLEGEN UND KONTROLLIEREN

Auch wenn Kohl und Porree winterhart sind, bedeuten Kahlfröste auch für sie puren Stress. Decken Sie die Beete daher mit Vlies oder Fichtenzweigen ab, nie mit Folie. Kontrollieren Sie auch die Vogelfutterhäuschen regelmäßig. Denn haben Sie erst einmal mit der regelmäßigen Fütterung begonnen, verlassen sich die Vögel darauf und fressen kleine Futterstellen oft an nur einem Tag ratzekahl – und warten dann auf einen Nachschlag. An frostfreien Tagen geht es bei Gehölzen robust zur Sache – Zier- und viele Obstgehölze werden geschnitten, damit sie im Frühling gleich durchstarten. Ausgenommen sind im Frühjahr blühende Sträucher, denen man jetzt alle Blütenanlagen abschneiden würde.

ERSTE AUSSAATEN

Ab Februar wird die Fensterbank zur grünen Kinderstube. Tomaten, Paprika, Schwarzäugige Susanne und andere Pflanzen mit langer Entwicklungsdauer sind die ersten. An dunklen Tagen kann ihnen ein Zusatzlicht helfen, mit stromsparenden LEDs ist das recht preiswert möglich.

Countdown zum Frühling

Auch wenn oft noch Schnee liegt, beginnen jetzt schon wichtige Vorbereitungen für den Frühling – in der Werkstatt und im Garten.

Spaten putzen und entrosten

GARTEN- UND ASTSCHEREN BEKOMMEN NACH DER GRUNDREINIGUNG MIT EINEM FEUCHTEN LAPPEN EIN PAAR TROPFEN ÖL, DAMIT SIE WIEDER SCHÖN LEICHTGÄNGIG WERDEN.

BEAUTY-KUR FÜR GARTENGERÄTE

Wer im Garten arbeitet, braucht funktionsfähiges Werkzeug. Das Wellness-Programm für Handgeräte ist rasch erledigt: Ganzkörperpflege mit einer Bürste, Make-up aus hochwertigem Sprühöl und schon können Sie Spaten und Hacken in die Gartensaison entlassen. Mit wackeligen und rissigen Holzstielen sollte man sich gar nicht lange aufhalten, sondern sie gleich austauschen. Spaten muss man nicht entrosten, es reicht, die abgebürsteten Blätter ein paar Mal in Vogelsand zu stoßen, den Rest erledigt später der Gartenboden.
Klingen schärfen: Den Spaten und Hacken reicht eine grobe Behandlung mit der Schleifmaschine, Messer und Gartenscheren sind feinfühliger und stehen auf

CHECKLISTE

- **GARTENGERÄTE** pflegen und Klingen schleifen
- **SOMMERBLÜHER** durch Schnitt verjüngen
- **UNTERSTÜTZUNG GEGEN SCHÄDLINGE:** Nistkästen aufhängen

Verjüngungsschnitt bei Sommerblühern

Nistkästen für Meisen

DIE PERFEKTE WOHNLAGE

Nistkästen hängt man in 2 bis 3 m Höhe im Schatten oder Halbschatten auf, das Einflugloch zeigt nach Südosten. Der Kasten sollte leicht nach vorne überneigen, damit kein Regenwasser ins Innere dringt. In katzenreichen Gegenden sind einbruchshemmende Maßnahmen nötig: Aus Nistkästen mit verlängertem Einflugloch können sich Katzen keine Vögel angeln, in Kästen mit drei Einfluglöchern bauen die Vögel ihr Nest ganz hinten im Kasten – unerreichbar für Katzenpfoten. Baumstämme sichert man mit Metallmanschetten oder Röckchen aus nach unten zeigendem Reisig.

nasse Wetzsteine: Reiben Sie Messerklingen langsam und mit leichtem Druck über den Stein. Entscheidend ist der richtige Winkel, heben Sie die Klinge so weit an, dass der Abstand zum Wetzstein der Klingenstärke entspricht.

SOMMERBLÜHER SCHNEIDEN

Frühsommerblüher wie Weigelie oder Deutzie blühen an jungen Trieben mit glatter Rinde und den im Frühjahr neu gebildeten Zweigen. Schneiden Sie alle 3 Jahre ein Drittel der Haupttriebe mit rauer Rinde bodennah ab, um die Sträucher zu verjüngen. Sommerblüher wie Buddleia oder Fingerstrauch blühen nur an den im Frühjahr neu gebildeten Trieben und werden nach dem Frost gut 10 bis 20 cm über dem Boden abgeschnitten.

VOGELNISTKÄSTEN AUFHÄNGEN

Die Wohnungssuche ist auch bei Gartenvögeln ein Problem. Die Tiere sind keinesfalls bloße Hausbesetzer, sondern zahlen sogar Miete, indem sie eifrig Raupen und andere Schädlinge im Garten vertilgen. Und das so gut, dass man auf Gift verzichten kann. Hängen Sie zur Unterstützung daher unbedingt Nistkästen bis Ende Februar auf. Wichtig sind ausreichend große Kästen, genügend Abstand zu den Nachbarn und eine 1a Wohnlage. Denn auch Vögel schätzen Privatsphäre. Nistkästen für dieselbe Vogelart sollten gut 8 m Abstand zu weiteren Kästen haben. Spatzen sind eine Ausnahme – sie pflegen eine enge Nachbarschaft. Je nach Wetter und Nahrungsangebot ziehen die Vögel sogar zwei Bruten im Jahr groß.

Erste Aussaaten mit Keimprobe

Wintergemüse vom Beet räumen und erste Aussaaten: Ab Februar werden Fensterbank und Wintergärten zur grünen Kinderstube. Um keine bösen Überraschungen mit altem Saatgut zu erleben, sollten Sie die Keimprobe machen.

Saatguttest

KEIMPROBE MACHEN

Ob in Tütchen oder aus dem eigenen Garten – Saatgut bleibt nicht ewig keimfähig. Die Gemüsesamen halten gut 4 Jahre, Erbsen, Bohnen oder Schwarzwurzeln nur 1 bis 2 Jahre. Ärgerlich, wenn man alles vorbereitet hat und die Samen dann nicht aufgehen. Eine Keimprobe einige Wochen vor dem geplanten Saattermin zeigt, ob lagerndes Saatgut noch zu gebrauchen ist. Streuen Sie gut zehn Samen auf einen flachen

Wässern mit feinem Strahl

Teller mit feuchtem Küchenpapier, bedecken ihn mit Folie und stellen ihn warm auf. Das Tuch bei Bedarf nachfeuchten. Keimen mehr als sieben Samen, können Sie den Rest aussäen, keimt nur die Hälfte, säen Sie den Rest dichter aus. Bei weniger als 50 % kaufen Sie lieber neu.

GEMÜSE VORZIEHEN

Sellerie, frühe Sorten von Möhren, Weiß-, Rotkohl und Wirsing oder auch Paprika – säen Sie feine Samen in flache Aussaatschalen und grobe Saat in kleine Töpfe. Diese stellen Sie hell und warm und halten die Erde bis zum Keimen feucht. Ideal sind Zimmergewächshäuser, ansonsten bedecken Sie die Gefäße mit Klarsichtfolie. Nehmen Sie nur magere Anzuchterde. Diese sorgt dafür, dass sich die Keimlinge nicht gleich überfuttern und träge werden, sondern ordentlich Wurzeln bilden müssen, um ihren Nährstoffbedarf zu decken. Dunkelkeimer übersieben Sie mit Erde, Lichtkeimer drücken Sie nur an. Dabei

Gemüse in Sand schichten

LAGER KONTROLLIEREN

Ob im Keller, in der Garage oder in Erdmieten: Eingelagerte Möhren oder Kohlgemüse bleiben bis weit ins Frühjahr hinein schön knackig, wenn Sie die Früchte nach jeder Entnahme wieder mit etwas Sand bedecken. Entfernen Sie dabei auch gleich schimmelige oder beschädigte Früchte, da die Fäulnis rasch auf die Nachbarn übergeht. Entdecken Sie Mäusefraß, stellen Sie Fallen auf und überprüfen, ob Sie den Zugang zum Lager irgendwie blockieren können. Wichtig sind auch kühle Temperaturen, denn wird es zu warm, kann vor allem Kohl schädliches Nitrit bilden.

CHECKLISTE

- **ALTES SAATGUT** auf Keimfähigkeit testen
- **NEUES GEMÜSE VORZIEHEN:** Dunkel- und Lichtkeimer berücksichtigen
- **PLATZ FÜR NEUES GEMÜSE MACHEN:** Winterbeete abräumen
- **LAGER KONTROLLIEREN:** auf richtige Temperatur und beschädigte Früchte achten

spielt es keine Rolle, ob Sie nun in drei- oder vierfacher Samenstärke übersieben. Das lässt sich ohnehin nur schwer dosieren. Zum Gießen nehmen Sie feine Brausen, die die Samen nicht gleich mit einem Wasserschwall in die Erde drücken oder wegspülen.

BEETE FREIRÄUMEN

Räumen Sie jetzt Porree, Kohl und anderes Wintergemüse von den Beeten, damit die nächsten Kulturen Platz haben. Wenn Sie das Wintergemüse samt Wurzeln vorsichtig ausgraben, können Sie es noch irgendwo in Erde einschlagen und weiterhin ernten. Bei Frost kommt einfach ein Vlies darüber. Strünke und andere grobe Pflanzenreste harken Sie vom Beet ab, gesunde Blätter können auf dem Beet liegen bleiben, sie werden nur mit Erde zugeharkt.

Gute Erziehung ist wichtig

Gehölzschnitt ist nicht bloß eine Beauty-Kur, sondern sorgt auch für viele Blüten und leckere Früchte: Jetzt kommen Obstbäume unter die Säge und Beerenobst wird bei Bedarf verjüngt.

Johannisbeere nach dem Verjüngen

CHECKLISTE

- **VERJÜNGEN:** alte und blühfaule Sträucher fit machen
- **LICHTE KRONE BEI OBSTBÄUMEN:** Wachstumsholz zurückschneiden
- **KRONENAUFBAU:** junge Obstbäume richtig erziehen
- **APFEL- UND BIRNENERNTE FÖRDERN:** altes Fruchtholz regelmäßig zurückschneiden

Immer auf Astring schneiden

RADIKAL VERJÜNGEN

Der rabiateste Schnitt von allen bringt überalterte und blühfaule Sträucher wie Johannis- oder Stachelbeeren wieder auf Trab. Schneiden Sie alles ohne Rücksicht auf Verluste und irgendwelche Schnittregeln 10 cm über dem Boden ab. Binden Sie vor einem Verjüngungsschnitt alle Triebe mit einem Seil zusammen, dann brauchen Sie später nur ein Astbündel zu entsorgen.

JUNGE BÄUME MUSS MAN ERZIEHEN

Nach dem Pflanzen beginnt der Kronenaufbau: Suchen Sie sich drei Leitäste, die idealerweise im 45°-Winkel vom Stamm bzw. korrekterweise der Stammverlängerung abstehen und möglichst im 120°-Winkel zueinander stehen. Von oben betrachtet sehen sie also wie ein gleichmäßiger Stern aus. Konkurrenztriebe kommen weg, zur besseren Verzweigung schneiden Sie die Triebe in den nächsten 3 bis 4 Jahren um ein Drittel zurück. Wenn Sie am

DAS RICHTIGE WERKZEUG: DÜNNE ZWEIGE SCHNEIDET MAN MIT DER GARTENSCHERE, SOBALD ES STÄRKER ZUR SACHE GEHT, KOMMEN ASTSCHEREN ZUM ZUGE, DIE SICH OHNE MURREN DURCH BIS ZU 4 CM DICKE ÄSTE BEISSEN. BEI NOCH DICKEREN ÄSTEN LASSEN SIE HANDSÄGEN RAN!

Grundgerüst schneiden, sollten Schnitte an gleichdicken Ästen auch möglichst auf gleicher Höhe sein. Der Gärtner nennt das Saftwaage. Denn wer oben ist, hat die besten Karten – der am höchsten gelegene Ast treibt am stärksten aus und die Pflanze wächst bei unregelmäßigem Schnitt aus der Form.

LICHTE KRONEN MIT VIEL FRUCHTHOLZ

Bei Obstbäumen unterscheidet man langes Wachstumsholz und kurzes Fruchtholz, das sich an flach stehenden Ästen bildet. Durch den Schnitt des Wachstumsholzes stecken die Bäume viel Energie ins Fruchtholz und damit in die Früchte. Generell sollte die Krone locker aufgebaut sein, damit auch Früchte im Inneren noch genug Licht bekommen – wenn man unter dem Baum eine Mütze hochwirft, muss sie wieder herunterkommen. Um dem Baum eine Wuchsrichtung zu geben, schneiden Sie an Astgabeln. Der Baum wächst dann in Richtung der verbleibenden Äste und Zweige.

Blattaustrieb beendet die Schnittzeit

DIE SCHWACHEN ZUERST

Kernobst wird auf Sämlingsunterlagen veredelt, die klassischen Apfelbäume meist auf starkwüchsigen, weshalb sie auch zu stattlichen Bäumen wachsen. Spindelbüsche und klein bleibende Bäume haben dagegen schwachwüchsige Unterlagen. Die wüchsigen Bäume schneiden Sie ruhig erst nach dem Blattaustrieb. Je später, desto schwächer treiben die Bäume aus und desto besser ist der Fruchtertrag.

ERHALTUNGSSCHNITTE: ALTES FRUCHTHOLZ ZURÜCKSCHNEIDEN

Etablierte Apfel- und Birnbäume tragen an zweijährigen Blütentrieben, aus denen neues Fruchtholz wächst. Mit der Zeit überaltern aber diese Triebe, tragen weniger und hängen herunter. Schneiden Sie diese Astpartien unter einem jüngeren, vitalen Seitentrieb ab. Alles, was nach innen oder parallel zueinander wächst oder sich überkreuzt, kommt auch weg. Starker Rückschnitt – starker Austrieb: Wenn ganze Äste in der Krone stören, schneiden Sie diese bis zu ihrer Ansatzstelle ab. Das verteilt die Wuchskraft auf die restlichen Äste. Kürzt man einen Ast nur irgendwo ein, treibt er an dieser Stelle mit vielen frischen Trieben aus – Holzernte statt Obsternte. Bei Ästen am Stamm bleibt immer der Rindenwulst, der Astring, stehen. Schneiden Sie Äste und Zweige immer so ab, dass keine Stummel zurück bleiben.

Klassische Treibglocken aus Ton

MÄRZ
Frühjahrsputz im Garten

Aussaaten vorbereiten, Kübelpflanzen wieder in Schuss bringen und im Garten Klarschiff machen: Im März sollten Sie mit den Vorbereitungen für die neue Saison beginnen.

WEG MIT DEM WINTERMANTEL

Wer im Herbst Rosen und Beete abgedeckt oder die Halme vom Pampasgras zu einem Zelt gebunden hat, sollte die Pflanzen nun wieder auspacken. Wartet man damit zu lange, können bereits austreibende Blätter faulen. Achtung beim Zurückschneiden von Gräsern: Zwischen den alten Halmen treiben oft schon die neuen aus. Das gilt auch für Rohrkolben und andere Sumpfpflanzen am Teich, die von den ersten warmen Tagen aus der Winterstarre gerissen werden.

ACHTUNG, LETZTE WINTERGÄSTE

Winterschutz abräumen – ok, Futterreste vom Vogelhaus zusammenfegen – erledigt, alte Reisighaufen entfernen. Stopp! Darunter können noch Igel schlafen, denn erst tagelange Temperaturen von 10 °C wecken die Winterschläfer auf. Das Hochfahren ihrer Körperfunktionen ist für die Tiere Schwerstarbeit. Wenn Igel den Winter nicht überleben, dann wird ihnen oft diese kritische Phase zum Verhängnis – Störungen können sie dabei gar nicht gebrauchen.

Klarschiff im Blumengarten

Die Fensterbank wird zur Aufzuchtstation für Sommerblumen und die ersten warmen Sonnenstrahlen locken mit Macht ins Freie – es stehen erste Pflegearbeiten an.

Staudenring als künftige Stütze

ZIERGRÄSER UND STAUDEN ABSCHNEIDEN

Im Winter haben die vertrockneten Halme von Pampasgras, Lampenputzer und anderen Ziergräsern das Pflanzeninnere vor Nässe geschützt, jetzt sind die Halme meist abgeknickt und behindern den Neuaustrieb. Also weg damit, man schneidet sie bodennah ab. Warten Sie nicht zu lange, denn die frischen Austriebe sieht man im Gewirr der Halme kaum und schneidet

Alufolie für mehr Licht

sie schnell ab. Lassen Sie lieber kurze Halmstummel stehen, die schützen die neuen Triebe zudem vor Spätfrost. Auch Stauden schneidet man auf eine Handbreit über dem Boden ab, anschließend können Sie bei hohen Pflanzen gleich Staudenringe auslegen.

SOMMERBLÜHER RICHTIG AUSSÄEN

Die Aussaat lohnt sich vor allem für große Stückzahlen oder ausgefallene Sorten, die es kaum als Jungpflanzen gibt. Feines Saatgut streut man breitwürfig in Schalen, grobes einzeln in kleine Töpfe. Verwenden Sie nährstoffarme Aussaaterde, die Sämlinge auf Diät setzt und so zur Wurzelbildung zwingt. Stellen Sie Aussaatgefäße hell und warm und bedecken Sie diese mit Folie. Wer verhindern will, dass sich die Sämlinge auf der Fensterbank einseitig dem Licht entgegen strecken, umgibt das Gefäß mit einem großen, innen mit Alufolie beklebten Karton (ohne

KOMPOSTWASSER ENTHÄLT GELÖSTE NÄHRSTOFFE AUS REIFEM KOMPOST. IM GEGENSATZ ZU ANDEREN ORGANISCHEN DÜNGERN WIRKT ES SCHNELL, IST ABER NICHT SEHR GEHALTVOLL.

Große Horste mit Spaten teilen

Düngen für Tulpenpracht

FRÜHAUFSTEHER-FRÜHSTÜCK

Damit Tulpen und Narzissen jährlich aufs Neue üppig blühen, sollte man sie zu Beginn der Blüte mit einer Portion Dünger stärken – besonders die Darwintulpen. Eine Handvoll Blaukorn pro Quadratmeter reicht, wobei nichts in den Blattachseln liegen bleiben darf. Organischer Dünger wirkt langsamer, man verteilt ihn schon zu Beginn des Blattaustriebs. Geeignet ist Hornmehl, aber auch Kompostwasser, wofür man einfach einige Schaufeln mit reifem Kompost in Wasser gibt und die Pflanzen damit gießt.

CHECKLISTE

STAUDEN UND ZIERGRÄSER: alte Halme für Neuaustrieb zurückschneiden

SÄMLINGE VON SOMMERBLUMEN mit viel Licht und Wärme heranziehen

STAUDEN nach dem Rückschnitt durch Teilen verjüngen

TULPEN für üppige Blüte düngen

Boden und Deckel!), von dem man die Front entfernt hat. Durch die Reflexion kommt das Licht dann auch von hinten, die Sämlinge bleiben nahezu gerade.

STAUDEN VERJÜNGEN

Nach dem Rückschnitt kann man im Sommer blühende Stauden auch teilen und ältere Pflanzen dadurch verjüngen. Graben Sie die Pflanzen vorsichtig aus und teilen Sie die Wurzelballen mit einem Messer. Sehr filigrane Stauden können Sie per Hand auseinanderziehen, große Horste teilt man mit dem Spaten. Die Teilstücke kommen so tief wie vorher in die Erde.

Fitnesskur für Pflanzen

Sobald ab Ende März die Forsythien blühen, wird es Zeit Rosen zu schneiden. Nach dem Frost beginnt auch die Pflanzzeit für Gehölze und wuchsfreudige Gräser bekommen ausbruchsichere Beete.

Luftlöcher mit einfachen Hilfsmitteln

Kübel ohne Boden als Rhizomsperre

Wurzelnackte im Frühjahr pflanzen

LUFT FÜR TEICHBEWOHNER

Im März sind noch strengere Frostperioden möglich und der Teich friert wieder zu. Fische und andere Tiere sind allerdings schon aktiv und können unter dem Eis ersticken. Luftlöcher können die Rettung sein: Füllen Sie einen Metalltopf mit kochendem Wasser und lassen ihn langsam durchs Eis schmelzen. Hackt man dagegen mit einem Beil oder Hammer auf das Eis ein, entsteht natürlich auch irgendwann ein Loch. Das Eis überträgt die entstehenden Schockwellen allerdings direkt ins Wasser – leichte Kopfschmerzen wären dann noch das kleinste Übel für Frösche und Fische. Die Druckwellen können je nach Teichtiefe zu ernsthaften inneren Verletzungen führen.

AUSBRUCHSICHERE BEETE

Platz da, ich wachse! Essigbäume, viele Ziergräser oder Gold-Felberich haben

CHECKLISTE

- **FRISCHLUFTZUFUHR** für Teichbewohner
- **WURZELSPERRE** gegen Wucherer
- **WURZELNACKTE GEHÖLZE** jetzt pflanzen
- **GUTE ERZIEHUNG:** Rosen richtig schneiden
- **ROSEN UND GEHÖLZE** brauchen Dünger

IMMERGRÜNE GIBT ES VON HERBST BIS ZUM FRÜHJAHR ALS BALLENWARE. ACHTEN SIE AUF FESTE BALLEN UND STRAFFE TÜCHER, DIE SPÄTER IM BODEN VERROTTEN UND NUR UM AM STAMM GELÖST WERDEN.

Korrekter Rosenschnitt direkt über einer Knospe (links)

GEHÖLZE DÜNGEN

Man vergisst sie oft, aber auch Gehölze haben Hunger. Immergrünen reicht eine satte Portion Kompost, die Sie rings um die Pflanzenbasis in den Boden einarbeiten. Streuen Sie den Kompost nicht bloß aus, da er meist viele Unkrautsamen enthält, die im Boden rasch keimen. Blütengehölze und Rosen sind hungriger und bekommen im März Langzeitdünger in die Erde gemischt oder auf den Boden gestreut. Dieser wirkt je nach Hersteller bis zu einem halben Jahr.

einen derartigen Ausbreitungsdrang, dass sie sich schon nach kurzer Zeit überall im Garten breitmachen. Dagegen haben sich Wurzelsperren bestens bewährt, die auch für noch so wuchernde Rhizome unüberwindlich sind. Der Arbeitsaufwand ist nur einmalig, dann hat man jahrelang Ruhe. Entweder gräbt man rings ums Beet einen 60 bis 70 cm breiten Teichfolienstreifen senkrecht in den Boden ein – was auch nachträglich noch geht – oder man pflanzt Einzelpflanzen von Anfang an in Maurerkübel ohne Boden. Das Erdvolumen innerhalb der Sperre darf nicht zu klein sein, sonst droht Trockenheit. Viele Bodendecker wie Efeu überwinden mit ihren langen Ausläufern jede Sperre. Da hilft nur regelmäßige Kontrolle und der Griff zur Gartenschere. Das gilt auch für Pflanzen, die sich wie Akelei mit Samen breitmachen. Schneiden Sie die Blüten vor der Samenreife ab.

DREI MÖGLICHKEITEN, EIN GEHÖLZ ZU PFLANZEN

Gehölze gibt es im Container, als wurzelnackte Pflanzen oder mit Ballen. Containerware pflanzt man ganzjährig an frostfreien Tagen, sie ist aber teuer. Wurzelnackte sind preiswert, es gibt sie wie Ballenware nur im Herbst und Frühjahr und man sollte sie gleich pflanzen. Ballenware lässt sich etwas lagern. Wer die Pflanzerde mit Kompost verbessern will, sollte reifen Kompost nehmen. Sonst sind die Mikroorganismen darin zu aktiv und verbrauchen Sauerstoff – die Wurzeln ersticken. Sandböden verbessert man noch mit Bentonit.

ROSEN SCHNEIDEN

Beetrosen, das sind die Floribunda- und Polyantharosen, und die Edelrosen schneiden Sie jährlich beherzt zurück, dicke Triebe auf sechs bis sieben Augen, dünne auf drei bis vier. Setzen Sie die Schere dicht über der Knospe an. Schneidet man zu tief, vertrocknet sie (siehe Foto in der Mitte), stehenbleibende Stummel (siehe Foto rechts) begünstigen Pilze.

Alle Triebe, die älter sind als 5 Jahre, schneiden Sie bodennah ab. Wachsen die Rosen als Hochstamm, kürzen Sie alle Triebe der Krone auf 20 cm ein. Einmalblühende Strauchrosen blühen an älteren Trieben und werden nur ausgelichtet und von toten oder kranken Zweigen befreit. Werden die Rosen zu groß, schneiden Sie nach der Blüte ganze Triebe bodennah heraus. Öfterblühende Strauchrosen schneiden Sie um gut ein Drittel zurück. Einmalblühende Kletterrosen (Rambler) ähneln in ihrem Wuchs einer Wildrose und werden nur ausgelichtet, dünne Triebe kürzen Sie um die Hälfte ein. Bei öfterblühenden Climbern kürzen Sie etwa die Hälfte der Seitentriebe auf zwei bis vier Knospen ein.

Die Ernte im Beet vorbereiten

Pflanzbeete vorbereiten und für frühe Ernten sorgen – die Freiluftsaison beginnt. Mit dabei: Hauben, Frühbeete, Kalk und feinkrümeliger Boden.

Treibglocken für Rhabarber

Pflanzenreihen mit Harke markieren

FOLIE MIT FLASCHEN ALS ABSTANDSHALTER WIRKT WIE EIN MINIGEWÄCHSHAUS UND ERWÄRMT BEETE, SODASS MAN PORREE, MANGOLD UND KOHL FRÜHER AUSSÄEN KANN.

GEMÜSE UNTER DER HAUBE

Umgedrehte Tontöpfe, Maurerkübel oder Treibglocken aus dem Handel wirken bei Meerkohl oder Rhabarber wie ein Wachstumsturbo. Die Pflanzen werden Wochen früher erntereif und durch den Lichtmangel sehr zart. Stülpen Sie die Glocke gleich über die ersten Austriebe, die sich aus dem Boden wagen. Bei Frost schützen Sie die Haube mit einer Decke. Sobald die Pflanzen den Deckel erreichen, können Sie ernten. Aber nur jeden zweiten Stiel, damit die gestressten Pflanzen vital bleiben.

FREILANDBEETE VORBEREITEN

Gemüsebeete haben im Idealfall einen pH-Wert von 6,5, was man mit Teststreifen aus dem Fachhandel kontrolliert. Kalken Sie aber nur bei Bedarf. 2 Wochen später geht's dann los: Entfernen Sie Reste der Gründüngungspflanzen und lockern Sie das Beet mit dem Sauzahn – einmal in Längs- und dann in Querrichtung. Verteilen Sie organischen Dünger als Grundversorgung und lockern die Erde mit dem Grubber, wobei Sie den Dünger gleichzeitig einarbeiten. Warten Sie mit dem Bepflanzen mindestens eine Woche, da sich die Erde noch setzt und harken Sie die Oberfläche dann noch einmal glatt. Lassen Sie die Beete keinesfalls brach liegen – sonst machen sich schnell Unkräuter breit.

Frühbeete mit natürlicher Bodenheizung

Kartoffeltriebe brauchen Licht.

CHECKLISTE

MEERKOHL UND RHABARBER: früher ernten mit Treibglocken

BEET OPTIMAL VORBEREITEN: lockern und organisch düngen

EMPFINDLICHE JUNGPFLANZEN in Frühbeeten anpflanzen

FRÜHKARTOFFELN für mehr Ernte vorkeimen

FRÜHBEETE BEPFLANZEN

Mit Frühbeeten beginnt die Freiluftsaison auch in Gegenden mit rauem Klima bereits im März. Die Minigewächshäuser eignen sich gut als Anzuchtbeet fur frostempfindliche Jungpflanzen. In den kleinen Kästen mit Glasdeckel wächst das Frühgemüse heran – und ist 4 Wochen früher als im Garten erntereif. Ideal sind Salate, vorgezogener Kohlrabi, Radieschen und auch Kräuter. Wer an Pferdemist kommen kann, hat damit eine perfekte Bodenheizung und kann Frühbeete schon im Februar nutzen: Bedecken Sie eine 20 cm dicke Schicht Mist mit 15 cm Erde. Der sich zersetzende Mist erwärmt die Erde nach etwa 3 bis 4 Wochen (siehe auch Seite 29).

FRÜHKARTOFFELN VORKEIMEN LASSEN

Vorgekeimte Frühkartoffeln wachsen zu kräftigen Pflanzen heran, die nach dem Auspflanzen im April auch mit kühlen Bodentemperaturen klarkommen und sofort weiter wachsen – der Ertrag kann bis zu 20 % höher ausfallen als bei direkt gepflanzten Knollen. Saatkartoffeln haben eine Keimhemmung, die sich aber mit einem Wärmestoß umgehen lässt: Stecken Sie Kartoffeln bis zur Hälfte und mit den Augen nach oben in Eierkartons mit Pflanzerde und stellen sie bei 20 °C auf. Wenn sich dunkelgrüne Knospen bilden, brauchen die Kartoffeln viel Licht, aber kuhlere Temperaturen von 10 bis 12 °C. Sonst werden die Triebe nur lang und dünn. Sind die Austriebe gut drei Zentimeter lang, sollten die Knollen noch kälter stehen, um sie für das Freiland abzuhärten.

Der Kräutergarten erwacht

Sie können an frostfreien Tagen allmählich die Freilandbeete vorbereiten und robusten Salat auch schon pflanzen. Im Haus beginnen die ersten Aussaaten aromatischer Kräuter.

Stecklinge wurzeln in Wasser

Noppenfolie als Frostschutz

CHECKLISTE

- **SELBER ZIEHEN:** nur Triebe mit gesunden und festen Stielen wählen
- **AUSSAAT:** auf keimfähiges Kräutersaatgut achten
- **JUNGPFLANZEN** mit Folie schützen
- **RÜCKSCHNITT** für buschiges Wachstum
- **HOCHBEET** richtig befüllen

STECKLINGE SCHNEIDEN

Was bei Blumen klappt, geht auch bei vielen Kräutern: Triebenden bewurzeln als Stecklinge im Wasser. Geeignet sind hierfür fast alle Kräuter, außer Rosmarin, Salbei und Thymian. Wichtig sind gesunde und feste Stiele. Füllen Sie etwas Wasser in ein hohes Glas und achten darauf, dass die Blätter keinen Wasserkontakt haben. Fäulnis droht. Nach der Bewurzelung topfen Sie die Pflanzen vorsichtig in Kräutererde. Schneiden Sie die Stecklinge immer direkt unterhalb eines Blattknotens ab.

KRÄUTER AUSSÄEN

Saatschale, Sieb, Erde und Folie zum Abdecken – die Fensterbank wird im Nu zur Kinderstube für Petersilie und Basilikum, aber auch für exotische

Kräuter, die man nicht oder nur schwer als Pflanzen bekommt. Nur frisches Saatgut keimt es zuverlässig (siehe Seite 16). Unter den Kräutern gibt es Licht- und Dunkelkeimer, achten Sie auf den Hinweis auf der Samenpackung. Die Saat von Dunkelkeimern vollständig und mindestens in Samenstärke mit Erde übersieben, die Saat von Lichtkeimern nur mit einem Brettchen leicht andrücken.

NEUE KRÄUTER SCHÜTZEN

Ab März bieten Gartencenter auch Kräuter in Töpfen an. Da diese oft aus Gewächshäusern kommen, sollten Sie die Pflanzen erst an geschützte Plätze ins Freien stellen, damit sie sich akklimatisieren und auf den rauen Gartenalltag vorbereiten können. Das gilt ebenso für an sich frostfeste Kräuter. Halten Sie immer noch Noppenfolie, Vlies oder auch Pappe als Bodyguard bereit, um die Pflanzen bei Frost abzudecken.

SCHNITT FÜR BUSCHIGEN WUCHS

Damit Bohnenkraut, Rosmarin, Salbei, Thymian und andere ausdauernde Kräuter schön buschig werden und später viele aromatische Blätter bekommen, schneidet man sie jetzt zurück. Da die Pflanzen mit den Jahren an ihrer Basis verholzen, kürzen Sie die Triebe je nach Verholzungsgrad um ein bis zwei Drittel ein. Vermeiden Sie Schnitte bis ins Holz, daraus treiben die Pflanzen nur unwillig wieder aus.

Behütet aufwachsen

GEMAUERTE HOCHBEETE SIND NAHEZU UNVERWÜSTLICH UND DIE STEINE SPEICHERN AUSSERDEM WÄRME.

BESTES (HOCH-)BEET FÜR KRÄUTER

Mit einem Hochbeet können Sie pflanzen, pflegen und ernten, ohne dabei ständig auf die Knie zu fallen oder sich bücken zu müssen. Denn der Arbeitsplatz liegt mit gut einem Meter in angenehmer Höhe. Hochbeete brauchen kaum Platz, sind leicht zu pflegen und Kräuter und Gemüse wachsen in der lockeren Erde bestens. Zum Bauen muss man kein Heimwerker-Ass sein, Hochbeete sind im Prinzip nur große Blumenkästen, die mit vier Pfosten im Boden stehen und Seitenwände aus Holzlatten haben. Wichtig ist ein Mäusegitter, damit keine ungebetenen Gäste einziehen. Befüllt wird der Kasten mit Gartenmaterial, das nach oben hin immer feiner wird. Direkt auf ein Mäusegitter am Boden kommen grober Strauchschnitt, Äste oder kleine Wurzelstöcke, es folgen dünne Zweige. Auf diese Schicht kommen umgedrehte Rasensoden, damit keine Erde durchrieselt. Wer keine Soden hat, nimmt eine alte Decke. Zum Schluss Kompost und Blumenerde einfüllen. Damit Sie bequem gärtnern und alle Bereiche problemlos erreichen können, sollte ein Hochbeet 80 bis 100 cm hoch sein, aber höchstens 120 cm breit.

Kräuter für Kübel & Garten

Vitamine gleich um die Ecke. Diese Kräuter dürfen in keinem Kräutergarten fehlen.

Basilikum
Ocimum basilicum
Die Erde am sonnigen Standort feucht halten. Zur Ernte die Triebspitzen abknipsen, es bilden sich bald neue Seitentriebe. (Foto: Kleinblättriges Basilikum)

Bohnenkraut
Satureja hortensis/montana
Der Name ist Programm, kochen Sie ganze Triebe zusammen mit Bohnen. Für ein sattes Aroma sind Sonne und ein trockener Standort wichtig (Foto: *S. montana*).

Currykraut
Helichrysum italicum
Die Pflanzen riechen danach und würzen genau wie Curry Fleischgerichte – kochen Sie einige der Triebe mit. Klein gehacktes Currykraut schmeckt nur kurzzeitig.

Dill
Anethum graveolens
Dill liebt Sonne oder Halbschatten und feuchte Erde. Man erntet frische Triebe, kann aber auch mit den Samen würzen. Getrocknet verliert Dill bald sein Aroma.

Lorbeer
Laurus nobilis
Kein Braten oder Sauerkraut ohne die würzigen Blätter: Lorbeer ist bei uns eine Kübelpflanze. Etwas Frost macht nichts, das ideale Winterquartier ist hell und kalt.

Majoran
Origanum majorana
Der Verwandte des Oregano liebt Sonne und würzt Pizza, Bratwürste oder Bratkartoffeln. Die Triebe sind kurz vor oder während der Blüte besonders aromatisch.

Petersilie
Petroselinum crispum
Gibt's mit glatten und krausen Blättern – krause schmecken intensiver. Wichtig: Halbschatten, viel Wasser. Beim Ernten keine blattlosen Stängel stehen lassen.

Rosmarin
Rosmarinus officinalis
Ein Halbstrauch, der wie Tannengrün aussieht. Rosmarin liebt Sonne und überwintert kalt. Zur Ernte die Nadeln abstreifen. Holzige Triebe kann man als Spieß nutzen.

Salbei
Salvia officinalis
Fleisch, Pasta oder Gemüse – Salbei ist ein wichtiges Würzkraut mediterraner Gerichte. Er liebt Sonne, regelmäßige Wassergaben, aber auf keinen Fall Staunässe.

Schnittlauch
Allium schoenoprasum
Die Pflanzen lieben Halbschatten. Gießen Sie nicht zu viel, die Erde sollte immer erst antrocknen. Geerntet werden ganze Stiele, die Sie bodennah abschneiden.

Thymian
Thymus vulgaris
Ideal sind Sonne und kurzzeitig austrocknende Erde. Getrockneter Thymian ist aromatischer als frischer, ernten Sie fortlaufend die jungen Triebe – vor der Blüte.

Beerenobst verwöhnen

Der Obstgarten steht in den Startlöchern: Jetzt wird gepflanzt, gepflegt und gemulcht, aber es werden auch noch schnell die Brombeeren in Form gebracht und Himbeeren zurechtgeschnitten.

Perfekt gemulcht: Vlies und Rindenhäcksel

Junge Triebe am Rankgitter befestigen

BAUMSCHEIBEN MULCHEN
Äpfel, Birnen und andere Obstbäume haben ein dicht unter der Oberfläche verlaufendes Wurzelgeflecht – die Wurzeln reichen etwa so weit, wie die Baumkrone breit ist. Damit die Pflanzen auch genug Nährstoffe bekommen, sollten Sie diesen Bereich grasfrei halten und ihn mit Rasenschnitt oder Häckseln mulchen, ein zusätzliches Vlies unterdrückt Wurzelunkräuter. Größeren Bäumen können Sie auch Klee oder die leuchtend orange blühende Kapuzinerkresse zu Füßen pflanzen.

BROMBEEREN AUFBINDEN
Spätestens vor dem neuen Austrieb sollten Sie Brombeeren schneiden. Das fördert die jungen, vitalen Triebe und ärgert vor allem die lästigen Brombeergallmilben, die in den Trieben überwintern, die im Vorjahr Früchte getragen haben. Von dort aus machen

CHECKLISTE

- **BAUMSCHEIBEN** für bessere Nährstoffversorgung mulchen
- **BROMBEEREN** schneiden und aufbinden
- **SPÄTE HIMBEERSORTEN** schneiden
- **APFELBLÜTENSTECHER** mit Pappe abfangen
- **JOHANNISBEEREN** in humose Böden pflanzen
- **MEHLTAURESISTENTE** Stachelbeersorten pflanzen

Mehltauresistente Stachelbeersorte 'Captivator'

JOHANNISBEEREN PFLANZEN

Johannisbeeren mögen humosen und feuchten Boden an sonnig bis halbschattigen Plätzen. Lockern Sie den Boden des Pflanzloches gut 30 cm tief und geben Kompost und Hornspäne dazu. Der Erballen sollte gut 5 cm mit Erde bedeckt werden. Wer noch nach den Sommerferien ernten will, pflanzt späte Sorten wie 'Augustus'. 'Bona' dagegen ist eine frühe schwarze Sorte, 'Blanka' eine robuste weiße.

PFLANZEN SIE BEI STACHELBEEREN NUR MEHLTAURESISTENTE SORTEN WIE DIE STACHELLOSE 'CAPTIVATOR'.

sich die winzigen Tiere über die neuen Blüten her. Schneiden sie alle abgetragen Triebe – das sind die mit dunkler Rinde – bodennah ab. Von den jungen Trieben mit grüner Rinde binden Sie sechs oder sieben am Rankgitter hoch und schneiden deren Seitentriebe bis auf zwei Knospen zurück. Möglicherweise noch vorhandene schwache Triebe kommen ganz weg. Sollten sich an der Pflanze anschließend noch dünne und schwache Triebe befinden, schneiden Sie diese direkt über dem Boden ab.

HIMBEEREN SCHNEIDEN

Grundsätzlich unterscheidet man frühe und spate Sorten: Fruhe Himbeeren tragen an den Vorjahreszweigen und werden im Sommer geerntet, bei späten Sorten wachsen die Früchte an den diesjährigen Zweigen und werden erst im Herbst geerntet. Daher können Sie jetzt auch nur die späten Sorten wie z. B. die 'Aroma Queen' zurückschneiden. Von den Neuaustrieben lassen Sie nur zehn Stück pro laufendem Meter stehen, den Rest kappen Sie bodennah.

APFELBLÜTENSTECHER FANGEN

Hatte Ihr Apfelbaum im vorigen Jahr angefressene Blüten und zerbissene Knospen, waren Apfelblütenstecher am Werk. Diese Käfer erscheinen ab März, stechen zur Eiablage die Blütenknospen an und verkriechen sich nachts unter der Baumrinde. Um die Käfer zu fangen, bieten Sie ihnen künstliche Rinde aus einem etwa 40 cm breiten Stück Pappe an. Knicken Sie es in der Mitte, legen es doppelt und binden es mit Draht in 50 cm Höhe am Stamm fest. Das offene Ende zeigt nach unten. Morgens können Sie die Käfer dann absammeln.

Gedüngter Rasen
wächst gleichmäßig.

APRIL
Den Grundstein für die Saison legen

Pflanzen, Säen, Boden verbessern und den Rasen in Schuss bringen: Jetzt geht's rund im Garten. Der April ist aber auch eine gute Zeit, um neue Ideen umzusetzen.

ANSTURM AUF DIE GARTENCENTER

15 °C und Sonne satt: An den ersten warmen Wochenenden stürmen Gartenfans geradezu in die Gartencenter und kaufen, was angeboten wird – auch Sommerblumen, für die es noch viel zu früh zum Auspflanzen ist. Man hat aber kaum eine Wahl und muss mitmachen, denn bis Mitte Mai können die besten Pflanzen ausverkauft sein. Stellen Sie Geranien & Co. erst in Kisten und holen Sie sie bei Spätfrösten ins Haus.

ERSTES FRÜHSTÜCK NACH DEM WINTER

Auch wenn die Nachbarn schon im März loslegen, warten Sie mit der Rasenpflege bis Ende April. Vorher ist der Boden zu kalt und der Rasen kommt mit dem Vertikutierschock nicht klar, die Klingen ziehen bloß Landebahnen für Unkräuter in die Narbe.

ALTE GEHÖLZE UMSETZEN

Solange Bestandsgehölze noch nicht ausgetrieben haben, kann man sie umpflanzen und damit an anderer Stelle neue Akzente setzen. Den Boden unbedingt feucht halten.

Säen, Pflanzen, Pflegen

Jede Menge los! – die To-do-Liste im April ist ganz schön lang. Die Arbeit wird aber auch mit einer satten Blütenpracht und einem schönen Sommergarten belohnt.

Saatbeete gut vorbereiten

Mit der Hacke geht's am schnellsten

FRISCH GEPFLANZTEN STAUDEN GIBT MAN ETWAS HORNSPÄNE INS PFLANZLOCH. ETABLIERTE PFLANZEN BEKOMMEN JETZT ENTWEDER GRANULIERTEN DEPOTDÜNGER ODER BEI LEHMBODEN FLÜSSIGDÜNGER ALS STARTHILFE.

SOMMERBLUMEN JETZT DIREKT INS BEET SÄEN

Lockern Sie die Erde und harken Unrat ab, der den Sämlingen im Weg ist. Sie können direkt aus dem Tütchen säen oder die Samen in einem Eimer mit billiger Blumenerde vermischen und diese dünn auf dem Beet verteilen. In jedem Fall sollten Sie den Boden bis zum Keimen feucht halten. Sommerblumen sind übrigens ideale Lückenfüller im Beet, bis neu gepflanzte Stauden ihre endgültige Größe haben.

STAUDEN PFLANZEN

Das Pflanzloch ausheben, die gut gewässerte Staude hineinstellen und die lockere Erde wieder zuschütten. Vorher ist jedoch etwas Planung nötig, da sich die Stauden ja jahrelang im Beet wohlfühlen sollen. Platz und Nährstoffe sind im Beet begrenzt, pflanzen Sie nur Stauden mit gleichen Ansprüchen. Sonst findet ein gnadenloser Zickenkrieg statt, der die Schwächeren aus dem Beet drängt.

Kniekissen sind hilfreich beim Säubern.

Reinigen mit Hochdruck

GARTENMÖBEL PFLEGEN

Hartnäckige Grünbeläge beseitigt der Hochdruckreiniger – bei Holz aber nur aus der Entfernung! Lasierte, geölte und lackierte Holzmöbel sollten Sie regelmäßig nachbehandeln. Ein nasses, weißes Tuch zeigt an, wann es soweit ist: Färbt es sich nach einigen Minuten auf dem Holz dunkel, ist ein Anstrich fällig. Streichen Sie immer in Faserrichtung. Harthölzer haben einen eingebauten Holzschutz in Form von ätherischen Ölen, ihnen reichen Wasser und Seife zur Grundreinigung. Nur wer die silbergraue Patina nicht mag, greift zu Pflegeölen.

CHECKLISTE

- **SOMMERBLUMEN SÄEN** und gut feucht halten
- **IM STAUDENBEET:** Arten mit gleichen Ansprüchen pflanzen
- **UNKRAUTKONKURRENZ** im Steingarten eindämmen
- **BEIM PFLANZEN VON SOMMERZWIEBELBLUMEN** Staunässe unbedingt vermeiden
- **STARTKLAR MACHEN:** Gartenmöbel reinigen und pflegen

FRÜHJAHRSPUTZ IM STEINGARTEN

Steingärten bedeckt man gerne mit Kies. Ein guter Mulch, aber schwer zu reinigen. Spätestens nach dem Winter liegen Laub- und Pflanzenreste zwischen den Steinen und lassen sich nur mühsam entfernen. Wartet man zu lange, finden anfliegende Unkrautsamen einen Platz zum Keimen – schon ist das Beet trotz Unkrautvlies verunkrautet. Auf kleinen Flächen kann man Blätter noch gut absammeln, bei großen Flächen sind Reisigbesen effektiver.

PFLANZZEIT FÜR SOMMERZWIEBELBLUMEN

Jetzt beginnt die Pflanzzeit für Lilien, Nerinen und andere im Sommer blühende Zwiebelpflanzen wie die exotischen Zigeunerblumen *(Sparaxis)*. Wichtig ist ein wasserdurchlässiger Boden, da Zwiebeln nichts mehr als Staunässe hassen. Mit frostempfindlichen Gladiolen, Dahlien oder Montbretien warten Sie lieber noch. Da man die Zwiebeln im Herbst wieder ausgraben sollte, kommen sie gleich in Körbe.

Stein-garten-pflanzen

Diese pflegeleichten Pflanzen kommen mit Sonne und Trockenheit bestens klar.

Blaukissen
***Aubrieta*-Hybriden**
Die Stauden werden 15 cm hoch und blühen im April und Mai leuchtend violett, blau, weiß oder rosa. Bei Trockenheit wässern, man kann Blaukissen im März teilen.

Chinesische Bleiwurz
Ceratostigma plumbaginoides
Die Pflanzen mit enzianblauen Blüten im September und Oktober lieben durchlässigen Boden. Sehr schöne Herbstfärbung. In rauen Lagen im Winter abdecken.

Französischer Lein
Linum narbonense
Eine außergewöhnliche, bis 60 cm hohe Staude für magere Böden mit himmelblauen Blüten von Juni bis August. Im Winter mit etwas Herbstlaub schützen.

Moossteinbrech
Saxifraga x arendsii
Mauerkronen und Steinfugen – die Pflanzen eignen sich für halbschattige Steingärten, bei etwas mehr Wasser auch für sonnige. Blütezeit ist von März bis Mai.

Rosenwurz
Rhodiola pachyclados
Die Pflanzen bilden mit blaugrauen Rosetten rasch dichte Polster. Im Juni und Juli erscheinen bis zu 10 cm hohe, weiße Blüten. Es ist keine besondere Pflege nötig.

Immergrüne Schleifenblume
Iberis sempervirens

Die Pflanzen werden nach der Blüte im April und Mai um zwei Drittel ihrer Länge zurückgeschnitten. Die Immergrünen lieben im Winter leichten Sonnenschutz.

Braunblättriges Stachelnüsschen
Acaena microphylla

Die bis zu 10 cm hohen Pflanzen wachsen bodendeckend und werden so dicht, dass Unkräuter nicht hindurch wachsen.

Felsen-Steinkresse
Aurinia saxatilis

Anspruchslos, wintergrün und leuchtend gelbe Blüten von April bis Mai: Felsen-Steinkresse ist auch für Anfänger geeignet. Die Pflanzen alle 3 Jahre teilen.

Blutstorchschnabel
Geranium sanguineum

Wüchsige, Kalkböden liebende Stauden, die bis 30 cm hoch werden. Blüte ist von Mai bis September, anschließend zurückschneiden. Bei Bedarf einfach teilen.

Wildtulpe
Tulipa clusiana* var. *chrysantha

So zarte Pflanzen erwartet man nicht im Steingarten, dennoch vermehren sie sich willig mit Ausläufern. Damentulpen *T. clusiana* gibt's in verschiedenen Variationen.

Teppich-Zwergmispel
Cotoneaster dammeri

Sonne oder lichter Schatten – das ist den immergrünen, 15 cm hohen Zwergsträuchern egal, die zur Blüte im Mai wie weiß beschneit aussehen.

Damit der Rasen nicht leidet

Damit der Rasen nicht leidet und gut wächst, versorgt man ihn mit speziellem Rasendünger und bessert kahle Stellen schnell mit einem Rasenpflaster aus.

Rasenpflaster aus Erde und Saatgut

RASEN AUSBESSERN

Hat der Rasen kleine Wehwechen, helfen Pflaster aus Erde und Saatgut: Stechen Sie die betroffenen Stellen mit dem Spaten flach aus, lockern den Untergrund, füllen lockere Erde ein und treten sie fest. Wozu sich die Mühe mit einem Streuwagen machen? Vermischen Sie Rasensamen in einem Eimer mit preiswerter Blumenerde und verteilen den Mix gleichmäßig auf der Fläche. Klappt prima.

RASEN DÜNGEN

Nur gut genährt gibt man sein Bestes. So auch der Rasen – und der hat richtig Appetit. Ist er hungrig, bekommt er Lücken und ist gegen Unkraut und Moos machtlos, für die in vitalem Rasen kein Platz ist. Nehmen Sie nur Rasendünger, Gartendünger lassen die Halme wie gedopte Sportler wachsen und nach 3 Wochen ist die Wirkung verpufft. Rasen will drei Mahlzeiten: Im April

CHECKLISTE

- **KLEINE KAHLE STELLEN IM RASEN** mit Erde und Saatgut schnell ausbessern
- **RASENNAHRUNG:** erste Düngergaben im Frühling
- **MÄHEN** mit der optimalen Schnitthöhe
- **NEUEN RASEN ANLEGEN** mit der richtigen Sorte für den eigenen Garten
- **SPART ZEIT:** Rollrasen verwenden

Per Hand geht's am schnellsten

WER SCHNELL EINEN GRÜNEN BODEN IM GARTEN BRAUCHT, VERWENDET ROLLRASEN. BEREITS NACH 2 WOCHEN KANN MAN IHN BETRETEN UND AUF IHM SPIELEN.

Für die Rasensaat muss der Boden gut vorbereitet sein.

Eine Rolle reicht etwa für 1 m²

gibt es Frühstück, im Sommer Mittagessen und im September Herbstrasendünger als Abendessen. Wer das durchzieht und richtig mäht, kommt sogar ums Vertikutieren herum. Es reicht, die Grasnarbe ab und zu mit der Harke zu lockern.

RASEN MÄHEN

Die richtige Höhe für Gebrauchsrasen liegt bei 4 cm. Mäht man tiefer und vor allem unregelmäßig, haben Moose und Unkraut leichtes Spiel und der Rasen sieht spätestens nach dem nächsten Winter wie ein moosiger Flickenteppich aus. Stellen Sie den Mäher so ein, dass er nur ein Drittel der Halmlänge kappt, sonst fehlt diesen ihr Regenerationspunkt, aus dem sie neu austreiben.

NEUEN RASEN ANLEGEN

Neuer Rasen ist nach 6 bis 8 Wochen belastbar und wird zur Erstanlage nach dem Hausbau gesät. Sie können ihn aber auch neu aussäen, um hoffnungslos ramponierten Rasen zu ersetzen. Vorher ist allerdings Handarbeit angesagt: Umgraben, Harken und Walzen – der Boden muss eben und trittfest sein. Das Saatgut bestimmt als Mix unterschiedlicher Gräser den Pflegeaufwand. Billigmischungen machen sich nicht bezahlt, sie enthalten wüchsige Futtergräser, die keine dichte Narbe bilden. Im ersten Jahr sieht der Rasen gut aus, im zweiten vielleicht auch noch. Dann bekommt er aber Lücken und man gibt viel Geld für Pflegemittel aus, die dann gar nicht mehr wirken können.

Richtig pflanzen – mit Schneckenschutz

Je nach Wetter geht es ab April los – die Gemüsebeete müssen bepflanzt und vor gierigen Schnecken beschützt werden – und dafür muss man keineswegs immer gleich Schneckenkorn streuen.

Kohlrabi nicht zu tief setzen

BEETE KÖNNEN SIE AUCH NACH DEM BEPFLANZEN NOCH MIT KOMPOST VERSORGEN. ARBEITEN SIE DEN BODENVERBESSERER UNBEDINGT LEICHT EIN, SONST SPRIESST NACHHER ÜBERALL UNKRAUT.

HILFREICHER ABSTANDSMESSER

Auf lange Holzlatten geklebte Weinkorken stanzen die Saatlöcher gleich im richtigen Abstand ins lockere Saatbeet. Einmal ausmessen, fertig! Legen Sie die Reihenabstände zueinander fest und drücken Sie die Latte kurz in den Boden (siehe auch Buchklappe hinten). Mit der Länge der Korken bestimmen Sie die Lochtiefe. Die Latte lässt sich natürlich jedes Jahr wieder verwenden. Gärtnern Sie zeitsparend.

PFLANZTIEFE FÜR GEMÜSE

Kohl und andere Jungpflanzen dürfen in die Beete. Wenn Sellerie und Kohlrabi partout keine appetitlichen Knollen ansetzen wollen, kann es daran liegen, dass sie zu tief gepflanzt wurden. Auch der Salat mag es luftig um den Wurzelhals, sonst fault er leicht und bildet keine Köpfe. Er kommt so flach in die Erde, dass die Anzuchttöpfchen etwas über den Boden hinausragen. Kopfkohl und Porree hingegen pflanzt man tiefer, damit sie standhaft bleiben. Ihnen sollte die Erde bis zum ersten Blattansatz reichen.

DIREKT INS BEET

Porree, Spinat und Mangold, Radieschen und Kohlrüben sowie Kopfsalat, Zwiebeln, Rettich und Möhren – unter Folientunneln können Sie ab Anfang April direkt ins Freiland säen oder Jungpflanzen setzen. Ab Mitte April – je nach Wetter – dann

Eine Saathilfe ist schnell gebaut.

Einfaches Kupferband aus dem Handel

Effektive Gemüsevliese

CHECKLISTE

- **GEMÜSE PFLANZEN:** richtige Pflanztiefe beachten
- **AUSSAAT:** lockerer Boden, optimale Pflanzabstände und Frostschutz durch Folientunnel
- **ACHTUNG SCHNECKEN:** Kupferband am Hochbeet und Schneckenzäune im Beet einsetzen
- **MIT GEMÜSEVLIESEN** Schädlingen vorbeugen

auch direkt ins Freie. Wichtig: In Frostnächten sollten Sie die Pflanzen allerdings unbedingt immer noch zudecken. Für Wurzelgemüse muss der Boden tiefgründig locker sein, damit die Knollen im Boden gerade bleiben. Auch Zwiebeln kommen schon in die Erde. Wenn Sie diese entlang einer gespannten Schnur setzen, werden die Reihen schön gerade.

KUPFER HÄLT SCHNECKEN FERN

Hochbeete sind schneckensicher? Von wegen. Die Tiere finden schnell den Weg ins Beet, wenn dort Salate und andere Leckerbissen wachsen. Wer kein Schneckenkorn streuen möchte, kann die Schnecken mit Kupferbändern aussperren, die sich wie Klebeband lückenlos anbringen lassen. Kupfer oxidiert mit Schneckenschleim zu einer Verbindung, die Schnecken hassen – und meiden. Als Schutz für Bodenbeete ist Kupfer jedoch ungeeignet. Dort helfen Fallen. Wirksam, aber teuer, sind dort Schneckenzäune mit nach außen gefalztem Rand. Darauf achten, dass den Schnecken keine überhängenden Blätter als Leiter dienen. 10 m Zaun reichen für ein 2 x 3 m großes Beet.

VLIES ALS BODYGUARD FÜR JUNGES GEMÜSE

Möhren, Sellerie, Porree, Zwiebeln, Brokkoli und Radieschen werden oft von hungrigen Larven diverser Schädlinge angefallen, die ihre Eier an den Jungpflanzen ablegen. Unter feinmaschigem Gartenvlies wird Gemüse sicher groß. Das Vlies ist leicht genug, um auch junge Pflanzen nicht gleich zu erdrücken, sperrt Kohlweißlinge und andere Plagegeister aber aus. Am besten legen Sie das Vlies gleich nach der Saat oder dem Auspflanzen aus und beschweren die Ränder mit Steinen. Vlies lässt Gießwasser durch und wird Ende Mai gegen luftigere Kulturschutznetze getauscht.

Kräuter dürfen ins Beet

Pflanzen, säen und die ersten Ernten – ab April geht's im Kräutergarten rund. Legen Sie jetzt auch den Grundstein für die Ernte der kommenden Monate.

Radieschenkeimlinge als Markierhilfe

Kräuter brauchen lockeren Boden

DIREKT INS BEET SÄEN

Robuste Kräuter wie Petersilie, Kerbel, Kresse, Dill, Borretsch, Liebstöckel oder Zitronenmelisse kann man jetzt direkt ins Freie säen. Manche Pflanzen brauchen sehr lange zum Keimen, Petersilie lässt sich z.B. nahezu 4 Wochen Zeit. Da kann man beim Jäten die gesäten Reihen im Beet schon mal vergessen und leicht übersehen. Säen Sie daher rasch keimende Radieschen mit in die Reihen, um diese zu markieren. Bis die Petersilie langsam keimt, sind die Radieschen schon gegessen.

KRÄUTER PFLANZEN

Sobald der Boden frostfrei ist, können Sie Kräuter im Beet auspflanzen. Die im März akklimatisierten Kräuter sind nun robust genug, auf die selbst ausgesäten Jungpflanzen sollten Sie allerdings ein wachsames Auge haben. Sie sind noch recht empfindlich und stecken Spätfröste nicht ohne Weiteres weg. Halten Sie daher immer noch ein Vlies für den Notfall bereit. Achtung: Nicht alle Kräuter vertragen sich in direkter Nachbarschaft. Achten Sie neben den entsprechenden Standortwünschen darauf, dass Sie einjährig wachsende neben Einjährige und mehrjährig wachsende neben Mehrjährige setzen.

JETZT TEILEN UND VERJÜNGEN

Schnittlauch, Salbei, Minze und andere ausdauernde Kräuter bilden mit den Jahren große Horste und geizen ein wenig mit Neuaustrieben. Damit die Pflanzen vital bleiben, sollte man sie jetzt teilen und damit gleichzeitig verjüngen: Graben Sie die Pflanzen vorsichtig aus und schütteln Sie die Erde ab. Zerschneiden Sie den Wurzelstock mit einem scharfen Messer, das nur kleine Schnittwunden hinterlässt und die Wurzeln nicht quetscht. Die einzelnen Teilstücke kommen an anderer Stelle wieder in dem Boden. Diese Prozedur sollten Sie alle 4 bis 5 Jahre wiederholen.

Geteilter Schnittlauch

Minihochbeet aus Rohren

DEKORATIVE MINISPIRALEN

Sie sehen gut aus und bieten unterschiedlichsten Kräutern auf engstem Raum Platz – wenn Kräuterspiralen nur nicht so groß wären und einen enormen Bauaufwand hätten. Wer den Platz für eine ausgewachsene Spirale nicht hat, kann sich eine Miniaturausgabe bauen. Der einzige Wermutstropfen: Das Prinzip einer Kräuterspiele mit ihren unterschiedlichen Zonen für trocken- und feuchteliebenden Kräutern funktioniert im Kleinen nicht. Die mit Bruchsteinen beklebten und verfugten Baurohre sehen aber super aus und man muss zur Ernte nicht in die Knie gehen.

CHECKLISTE

- **ROBUSTE KRÄUTER** direkt ins frostfreie Beet säen
- **IN FROSTFREIEN BODEN** Kräuter auspflanzen
- **ALTE KRÄUTER** teilen und verjüngen
- **BÄRLAUCH** fürs Immunsystem ernten
- **FÜR LEICHTE ERNTE UND WENIG PLATZ:** Minikräuterspiralen

BÄRLAUCH ERNTEN

Bärlauch ist gesund wie Knoblauch. Von der Zwiebel bis zur Blüte ist alles essbar. Ernten Sie die Blätter aber dennoch vor der Blüte, dann schmecken sie am besten. Wer Bärlauch im Garten haben will, pflanzt ihn im Herbst in den Schatten (siehe Seite 107) und kann jetzt ernten. Nie in die Nähe von Maiglöckchen! Achtung: Wenn er sich im Garten wohlfühlt, breitet sich Bärlauch stark aus. Wer wilden Bärlauch pflückt, darf ihn auf keinen Fall mit giftigen Maiglöckchen verwechseln. Bärlauchblätter glänzen auf der Oberseite, riechen nach Knoblauch, sind gestielt und wachsen einzeln aus dem Boden.

Wachstumsschub für den Obstgarten

Mit den ersten richtig warmen Tagen gibt es im Obstgarten schon so einiges zu tun. Der Boden ist so weit erwärmt, dass frisch gepflanzte Obstbäume schnell anwachsen und Himbeeren sich leicht vermehren lassen.

Frisch gepflanzte Obstbäume gut einschlämmen

Strohpackung für Erdbeeren

VERTEILEN SIE UNTER STROH IMMER EINE HANDVOLL HORNSPÄNE PRO QUADRATMETER, SONST KANN ES DURCH DIE ÜBEREIFRIGEN BODENLEBEWESEN ZU STICKSTOFFMANGEL KOMMEN.

APFELBÄUME PFLANZEN

Apfel- und andere Obstbäume im Container können Sie vom Frühjahr bis zum Herbst pflanzen, wurzelnackte Ware gibt's nur von Oktober bis Anfang April. Der erdelose Wurzelbart steht auf ausgiebiges Eimersaufen und sollte sich vor dem Pflanzen (im April oder Oktober!) mehrere Stunden lang richtig in einem Wasserbad

CHECKLISTE

- **WURZELNACKTE OBSTBÄUME** jetzt einpflanzen
- **ERDBEEREN VERWÖHNEN:** durch lockeren Boden, mit Kompost und Strohmulch
- **HIMBEEREN** eine Stütze geben
- **NÜTZLINGE** im Garten ansiedeln

WILDWIESEN SIND PFLEGLEICHT UND VERHINDERN UNKRAUT, KÖNNEN IM SOMMER ABER NICHT BETRETEN WERDEN. DIE NEKTARREICHEN BLÜTEN SIND WAHRE FLY-IN-RESTAURANTS FÜR SCHMETTERLINGE & CO.

Nützlingswiese mit Streuwagen aussäen

EIN PARADIES FÜR INSEKTEN

Schöne Blüten, wenig Arbeit und ein Insektenparadies – mit einer Wildwiese schlagen Sie zwei Fliegen mit einer Klappe: Sie bepflanzen ungenutzte, möglichst auch ungedüngte Gartenecken und bieten unzähligen Nutzinsekten wie Bienen Nahrungsquelle und Verstecke. Dazu muss man nicht einmal ein ganzes Beet aussäen, sogar einige bepflanzte Pflanzkübel helfen den Nutzinsekten schon. Für größere Flächen nehmen Sie einen Streuwagen. Das Saatgut ist entweder auf lehmige Böden oder Sand abgestimmt.

volllaufen lassen. Das Pflanzloch sollte so groß sein, dass alle Wurzeln darin ohne umzuknicken Platz haben. Der Pflanzschnitt wird meist in der Baumschule erledigt. Falls nicht, kürzen Sie die Spitze und die Seitentriebe um die Hälfte ein und schneiden sehr steil wachsende Seitenzweige ab. Heben Sie das Pflanzloch aus und schlagen den Stützpfahl ein, der bis zum Kronenansatz des Baumes reichen sollte. Mischen Sie den Bodenaushub mit Pflanzerde und etwas Kompost, verdichten Sie die Erde vorsichtig mit dem Fuß und gießen Sie gründlich an. Binden Sie den Baum mit einem Kokosseil fest und sichern ihn mit einer Krampe gegen Abrutschen.

ERDBEEREN VERWÖHNEN

Erdbeeren lieben sonnige, leicht windgeschützte Beete mit nahrhafter Erde. Damit es mit der eigenen Ernte klappt, muss der Boden vor allem locker sein. Halten Sie den Boden feucht und hacken Sie regelmäßig, aber vorsichtig durch und zupfen dabei gleich Unkraut. Arbeiten Sie zusätzlich Laubkompost ein. Schneiden Sie bei bestehenden Erdbeerbeständen alle vertrockneten Blätter ab. Bedecken Sie ab Ende April/Anfang Mai den Boden zwischen den Pflanzen mit Stroh oder trockenem Gras, damit die Umgebung der Früchte trocken bleibt und sie vor Grauschimmel sicher sind.

HIMBEEREN PFLANZEN

Als Flachwurzler lieben Himbeeren lockeren Boden und sonnige Standorte. Himbeeren gibt es meist als Containerware, pro Meter brauchen Sie drei Pflanzen, der Abstand zu weiteren Pflanzreihen sollte mindestens 120 cm betragen. Die Pflanzen werden gut 2 m hoch und brauchen eine Stütze. Spannen Sie am besten zwei Drahtreihen zwischen zwei Holzpfählen übereinander. Den ersten Draht spannen Sie in 80 bis 100 cm Höhe, den zweiten in 150 bis 160 cm. Schneiden Sie alle Triebe auf 30 cm zurück.

Obstmadenfalle

MAI
Auf die Plätze, fertig, los!

Pflanzen, Schneiden, Ernten und Säen – auch direkt ins Freiland: Ab Ende Mai ist die Frostgefahr endgültig vorbei und man kann wieder nach Lust und Laune gärtnern.

DIE SACHE MIT DEN EISHEILIGEN

Laut einer Bauernregel ist die Frostgefahr Mitte Mai mit den Eisheiligen vorbei. Tatsächlich kann es auch nach der Kalten Sophie am 15. Mai noch mal frieren, besonders gefährlich sind Wetterlagen mit Nordwind und sternklarem Nachthimmel. Denn mit dem Wechsel auf den gregorianischen Kalender wurden 1582 die Eisheiligen vorgezogen. Die Kalte Sophie wäre nach dem alten Kalender eigentlich am 23. Mai. Wissenschaftliche Bestätigungen für mehr Frosttage Mitte Mai gibt es nicht, aber es geht ja auch nur darum, ab wann man nicht mehr mit Frost rechnen muss.

SCHNELLE ERFOLGE FÜR ANFÄNGER

Wer noch nie eigenes Gemüse geerntet hat, kann jetzt mit Tomaten, Kohl, Salaten oder Möhren experimentieren. Zugekaufte Jungpflanzen kommen direkt ins Beet, ohne dass man sich vorher um Aussaaten oder Sämlingspflege kümmern muss – der Boden ist warm genug. Aber auch Direktsaaten keimen nun schnell und man kann etwa Radieschen schon nach wenigen Wochen ernten.

Frost ade – alles darf raus!

Mitte Mai ist die Frostgefahr vorüber. Eigentlich. Denn je nach Wetterlage sind auch nach den Eisheiligen noch frostige Nächte möglich. Halten Sie also immer noch ein Schutzvlies in Reichweite.

Narzissen schneiden

ZWIEBELBLUMEN KÖPFEN

Schneiden Sie welke Blüten von Tulpen und Narzissen ab, damit sie keine Energie mit der Samenbildung vergeuden. Das gilt besonders für die großblumigen Sorten. Das Laub sollte man dagegen erst dann abschneiden, wenn es komplett vertrocknet ist. Denn in den Blättern sind genau wie im Herbstlaub der Bäume viele wertvolle Nährstoffe enthalten, die sich die Pflanzen zurückholen und in den Wurzeln einlagern.

Jungpflanzen ins Beet setzen

WEG MIT GROBEM UNRAT! DENN IST DIE ERDE VOLLER HINDERNISSE, HABEN JUNGPFLANZEN KEINE LUST, VOM LOCKER-FEUCHTEN ERDBALLEN IN DEN GARTENBODEN ZU WURZELN.

SOMMERBLUMEN AUSPFLANZEN

Die im Frühjahr ausgesäten Sommerblumen dürfen jetzt in den Garten. Stellen Sie die Töpfe erst für einige Tage schattig auf, da die Bleichgesichter aus dem Haus sonst leicht einen Sonnenbrand bekommen. Auch an das Beet stellen die meist wüchsigen und durstigen Pflanzen Ansprüche: Locker, luftig und nahrhaft soll es sein. Verbessern Sie Lehm mit Kompost und Sand, Sandböden gönnen Sie Kompost und Ben-

Einfach: Spanngummi als nachträgliche Staudenstütze

Dahlienknollen

DAHLIEN PFLANZEN

Bereits ab Anfang Mai dürfen Dahlien in den Garten. Spätfröste können den Knollen im Boden dann nichts mehr anhaben und bis die frostempfindlichen Triebe erscheinen, ist die Frostgefahr auch schon vorbei. Pflanzen Sie die Knollen am besten gleich in Körbe, dann bekommt man sie im Herbst leichter aus dem Boden und die Körbe schützen außerdem vor Wühlmäusen. Die Knollen sollte man gut 5 cm tief in den Boden setzen und wässern. Drücken Sie anschließend vorsichtig einen langen Stützstab in die Erde, dann ist das Thema gleich mit erledigt.

CHECKLISTE

- **BEI TULPEN UND NARZISSEN** Verwelktes abschneiden
- **VORGEZOGENE SOMMERBLUMEN-JUNGPFLANZEN** jetzt ins Beet setzen
- **BEI HOHEN STAUDEN** Stützen anbringen
- **DIE FROSTEMPFINDLICHEN DAHLIEN** dürfen nun ins Beet

tonit. Dann geht das Pflanzen schnell: Eine Schaufel in die Erde drücken, zurückziehen, die Pflanze einsetzen und andrücken.

STAUDEN ABSTÜTZEN

Hohe Stauden und viele Gräser können bei Wind und Regen umknicken und sollten gestützt werden. Geeignet sind Stäbe, Reisig oder auch Staudenringe aus dem Handel. Halbkreisförmige, sogenannte Mondstützen, kann man auch nachträglich anbringen, während man Ringe zeitig auslegen sollte (siehe Seite 22). Denn es ist viel leichter, die Stauden in die Stützen wachsen zu lassen als sie später durch das Gewirr der Blätter zu fädeln. Ein Spanngummi entsprechender Länge ist für hohe Gräser eine Stütze auf die Schnelle: Um die Pflanze legen, die Enden einhaken, fertig.

Alles gut in Form halten

Der Rasen muss nun wöchentlich zum Frisör, Frühjahrsblüher werden geschnitten und mit einem simplen Trick fallen Kübelpflanzen nicht um und Sie müssen im Herbst auch keine schweren Kübel einwintern.

Spindelmäher schneiden sehr sauber.

Wildtriebe abreißen

WILDTRIEB MIT ANDEREN STACHELN ALS DIE EDELSORTE

RASEN WÖCHENTLICH MÄHEN

Wer dicht wachsen soll, muss unters Messer: Der Rasenmäher kommt nun wöchentlich zum Einsatz, Mulchmäher sogar zweimal. Sonst fallen zu viele Rasenschnipsel auf einmal in die Grasnarbe und verfilzen dort. Halten Sie die Schnitthöhe von 4 cm ein. Bei zu hohem Schnitt verzweigen sich die Gräser nicht, der Rasen wird weder dicht noch belastbar, ein zu tiefer Schnitt fördert Unkraut und lässt den Rasen rasch austrocknen. Es wäre daher fatal, einen selten gemähten, lang gewachsenen Rasen einfach tief zu mähen. Golfrasen ist mit seiner Stoppelfrisur das Ergebnis vieler, vieler Mähschritte.

WILDTRIEBE VON ROSEN ABREISSEN

Rosen sind meist auf Wildarten mit robustem Wurzelwerk veredelt. Mit den Jahren kann aber auch die Unterlage selbst austreiben. Die Wildtriebe wachsen unter der Erde hervor, haben hellere Triebe und hellere Blätter als die Edelsorten und sind sehr wüchsig. So wüchsig, dass sie die Edelsorten rasch überwuchern. Wildtriebe werden daher abgerissen, nicht abgeschnitten. Sonst treiben schlafende Knospen erneut aus. Legen Sie den Wurzelhals der Rose bis zur Ansatzstelle des Wildtriebes frei, schneiden Sie die Rinde unterhalb des Wildtriebes mit einem Messer

Praktische Gitterkörbe für Kübelpflanzen

KÜBELPFLANZEN AUSWINTERN

Datura, Oleander und andere Kübelpflanzen brauchen irgendwann so große Kübel, dass man sie kaum noch bewegt, geschweige denn zum Überwintern in den Keller bekommt. Setzen Sie die Pflanzen in Gitterkörbe und pflanzen Sie sie aus. So müssen Sie weniger wässern, die Pflanzen stehen sturmsicher und Sie müssen im Herbst nur den Gittertopf überwintern. Die Wurzeln schneiden Sie nach dem Ausgraben einfach ab und wickeln eine Folie um den Gitterkorb oder stülpen einen Müllsack darüber.

ACHTUNG, MEHLTAU!
FEUCHTIGKEIT IST FÜR DIE MEISTEN PILZSPOREN GRUNDVORAUSSETZUNG ZUM KEIMEN. MEHLTAU IST EINE AUSNAHME, UND DER ECHTE MEHLTAU TRITT AUCH BEI TROCKENHEIT AUF, DA SEINE SPOREN VON HAUS AUS FEUCHT GENUG SIND (SIEHE AUCH SEITE 77). BESONDERS LEICHTES SPIEL HAT DER PILZ, WENN PFLANZEN DURCH TROCKENHEIT OHNEHIN SCHON GESCHWÄCHT SIND. MEHLTAU IST ABER NUR AUF LEBENDIGEM LAUB LEBENSFÄHIG, DIE BEFALLENEN BLÄTTER DÜRFEN ZUM KOMPOST.

CHECKLISTE

- **RASEN** jetzt wöchentlich auf 4 cm Länge mähen
- **WILDTRIEBE** bei Edelrosen abreißen
- **TERMINSACHE:** jetzt Frühjahrsblüher schneiden
- **BEI HITZE** auf Mehltau achten
- **ZUR LEICHTEREN ÜBERWINTERUNG** Kübelpflanzen in Gitterkörben auspflanzen

leicht ein und reißen Sie den Trieb mit einem Ruck ab. Der Schnitt verhindert, dass zu viel Rinde vom Rosenstamm abreißt.

FRÜHJAHRSBLÜHER SCHNEIDEN

Gehölzschnitt ist oft Terminsache. Kommen Blütensträucher zur falschen Zeit unters Messer, schneidet man den kompletten Blütenansatz des Jahres gleich mit ab. Frühlingsblüher schneidet man im Sommer nach der Blüte, Sommerblüher im Winter oder zeitigen Frühjahr vor der Blüte. Denn frühjahrsblühende Ziergehölze wie Forsythien, Mandelbäumchen und Brautspieren bilden ihre Blüten schon im Herbst. Ein Schnitt im Spätwinter wäre fatal. Schneiden Sie daher etwa alle 2 Jahre direkt nach der Blüte die ältesten Triebe ab. Achten Sie aber darauf, dass mindestens die Hälfte der Haupttäste stehen bleibt, die für das typische Wuchsbild sorgen. Mandelbäumchen kürzt man dagegen komplett auf gut 15 cm Länge ein.
Wichtig: Vergewissern Sie sich, dass in den Sträuchern kein Vogel nistet. In dem Fall darf man nicht schneiden.

Gemüse darf endlich ins Beet

Die Saison brummt, es wird gepflanzt, genossen und schon geerntet. Auch Wärme liebendes Gemüse wie Tomaten und Paprika darf endlich ins Beet.

Reisigzweige stützen Erbsen

Salat ist nach 4 Wochen erntereif.

RANKHILFEN FÜR KLETTERGEMÜSE

Stangenbohnen und auch einige Erbsensorten wollen hoch hinaus und klettern mithife von Ranken 2 m und höher – man kann später ganz bequem im Stehen ernten. Das schaffen die Pflanzen allerdings nicht ohne Hilfe. Die Rankhilfen müssen nicht teuer sein, eine Konstruktion aus langen Holzstangen reicht Bohnen völlig. Erbsen begnügen sich sogar mit gespanntem Maschendraht oder zusammengebundenen Zweigen und Ästen aus dem Garten, die vielleicht noch vom Frühjahrsschnitt übrig sind. Wichtig ist, dass Sie die Rankhilfe vor der Aussaat aufstellen (bei Bohnen Mitte Mai, Erbsen bis Ende Mai), dann beschädigen Sie keine Samen und die Pflanzen finden sofort Halt. Denken Sie daran, dass die Rankhilfe mindestens so hoch wie die endgültige Pflanzengröße sein sollte.

GUTER PFLANZPLATZ FÜR ZUCCHINI UND KÜRBIS

Pflanzt man Zucchini und auch Kürbisse auf oder direkt neben den Kompost, schlägt man zwei Fliegen mit einer Klappe: Der Kompost ist beschattet und die hungrigen Pflanzen können sich von seinen Nährstoffen bedienen. Wässern nicht vergessen.

LAUFEND ERNTEN

Salat und Radieschen haben eine sehr kurze Kulturdauer und gelingen immer. Um fortlaufend ernten zu können, säen Sie immer im Abstand von 1 bis 2 Wochen nach. Irgendwelche Probleme mit der Fruchtfolge sind nicht zu befürchten, dafür stehen die Pflanzen nicht lange genug im Beet.

AUCH DIE WÄRME LIEBENDEN DÜRFEN INS BEET

Im Haus vorgezogene Tomaten und Paprika mögen's warm und dürfen nicht vor Mitte

Kartoffeln lieben Sandboden

KARTOFFELN FÜR DEN BALKON

Sie können Kartoffeln auch in großen Pflanzkübeln ziehen. Und genau wie im Beet häufeln Sie Topfkartoffeln nach und nach an: Füllen Sie 10 cm hoch Blumenerde ein und legen erst drei bis vier Knollen aus. Diese bedecken Sie mit weiteren 10 cm Erde und lassen sie wachsen. Wenn die Pflanzen 15 bis 20 cm hoch sind, füllen Sie den Topf weiter auf, sodass die Triebspitzen aber noch herausragen. Das machen Sie so lange, bis der Topf randvoll ist. Dann heißt es nur noch gießen und nach gut 3 Monaten ernten.

CHECKLISTE

- **RANKGEMÜSE** schon beim Pflanzen eine Stütze geben
- **PFLEGEMINIMIERUNG:** Zucchini und Kürbis an den Kompost setzen
- **SCHNELLES GEMÜSE:** laufend nachsäen und einfach wachsen lassen
- **TOMATEN- UND PAPRIKAPFLANZEN** jetzt ins Beet setzen
- **WINTERGEMÜSE** pflanzen und Fruchtfolge beachten
- **KARTOFFELN SETZEN:** anhäufeln ganz wichtig

Mai ins Beet, eher noch in der zweiten Monatshälfte. Sie sollten die Pflanzen aber ab Anfang Mai allmählich auf den Garten vorbereiten und sie an warmen Tagen vorübergehend auf die Terrasse stellen. Beide Gemüse sind Starkzehrer und lieben organischen Dünger und vier, besser noch fünf Schaufeln Kompost pro Quadratmeter. Pflanzen Sie Tomaten und Paprika tiefer ein, als sie im Topf waren. An den Stängeln bilden sich dann noch weitere Wurzeln. Achten Sie bei Tomaten unbedingt auf einen regengeschützten Platz, z. B. in einem Tomaten- oder Gewächshaus.

WINTERGEMÜSE PFLANZEN

Auch wenn man sich gerade erst auf den Sommer freut, denken Gärtner jetzt schon an den nächsten Winter und pflanzen Wintergemüse wie Porree, Grün- und Rosenkohl. Die Pflanzen dürfen allerdings nicht in Beete, auf denen im Vorjahr ebenfalls schon Kohl bzw. Porree war. Zu groß ist die Gefahr von Schädlingen oder Wachstumsproblemen.

KARTOFFELN PFLANZEN

Der Boden ist jetzt warm genug, um Kartoffeln direkt zu pflanzen. Heben Sie die Löcher spatentief mit 30 cm Abstand zueinander aus, zur nächsten Reihe, sollten es 40 cm sein. Jede Knolle bekommt eine Handvoll Hornmehl ins Loch. Sobald sich die ersten Triebe aus dem Boden schieben, sollten Sie den Boden feucht halten. Danach ist Anhäufeln die wichtigste Maßnahme – einfach und effektiv sorgt es dafür, dass Knollen in der lockeren Erde schnell dick werden. Sobald die Pflanzen 20 cm hoch sind, zieht man die umliegende Erde in mehreren Teilschritten mit der Hacke zu den Pflanzen, bis ein 15 cm hoher Damm entsteht. Es macht nichts, wenn der ein paar Blätter begräbt. Das wiederholen Sie alle 2 bis 3 Wochen. Übrigens wird auch Porree angehäufelt, das sorgt für weiße Stängel und schützt Winterporree vor Frost. Achten Sie darauf, dass wenig Erde zwischen die Blätter fällt.

Mulchen & Gießen

Viele Pflegearbeiten stehen im Mai an. Mulch ist dabei mehr als eine bloße Bodenabdeckung, er hält Bodenlebewesen bei Laune und den Boden feucht.

Stroh hält den Boden feucht.

MULCH IST EIN TAUSENDSASSA

Mit Mulch heizt sich der Boden nicht auf, Sie müssen weniger Gießen und die für die Bodenfruchtbarkeit wichtigen Mikroorganismen legen sich mächtig ins Zeug. Gibt es dann mal Platzregen, federt der Mulch die Regentropfen ab, sodass der Boden nicht gleich zur Schlammwüste wird. Getrockneter Rasenschnitt oder Stroh sind im Gemüsegarten und unter Beerensträuchern perfekt. Das Material darf nicht zu grob sein, sonst dient es Schnecken als Versteck.
Wichtig: Auf leicht verdauliches Stroh haben Bodenlebewesen derart Heißhunger, dass sie sich munter vermehren und dabei massenhaft Stickstoff brauchen – die Pflanzen können leer ausgehen und Mangel leiden. Verteilen Sie vorher Hornspäne. Wird der Boden allerdings von Wurzelunkräutern wie Giersch geplagt, kann Mulch bei der Bekämpfung stören. Da gibt's nur eins, diese Unkräuter müssen vorher weg!

Mulchfolie unterdrückt Unkraut

Gießstäbe für gleichmäßige Bewässerung

DIE MULCHFOLIE AM RAND MIT ERDE ODER STEINEN BESCHWEREN.

CHECKLISTE

- **FÜR GUTEN BODENHAUSHALT** die Beete mulchen
- **IN MULCHFOLIE** pflanzen spart mühsames Unkrautjäten
- **TIEF- UND FLACHWURZLER** brauchen unterschiedliche Wassergaben

KEINE CHANCE FÜR UNKRAUT

Wer keine Lust aufs Jäten zwischen den Gemüsereihen hat, setzt sein Gemüse von Anfang an in Mulchfolie. Denn damit haben Vogelmiere & Co. absolut keine Chance und sogar die Wurzelunkräuter werden sicher aus dem Beet verbannt. Die Folie muss allerdings wasserdurchlässig sein. Am Rand wird sie mit Erde oder Steinen beschwert. Wichtig: Lockern Sie den Boden vorher und versorgen Sie ihn mit Langzeitdünger, bei ausgelegter Folie ist Nachdüngen fast unmöglich. Ohne Mulch sollten Sie regelmäßig zwischen den Reihen hacken, aber erst, nachdem alle Gemüsesamen aufgelaufen sind.

RICHTIG WÄSSERN

Der Wasserbedarf hängt von den Wuchseigenschaften ab, tief wurzelndes Gemüse kann sich aus dem Wasservorrat der Erde bedienen. Dazu gehören Bohnen, Rote Bete und Tomaten. Kohl und Gurken wurzeln nicht ganz so tief und brauchen häufiger Wasser. Salate, Spinat oder Zwiebeln sind relativ schnell durstig – sie bilden oberflächennahe Wurzeln. Bei Ihnen sollte man auch beim Hacken aufpassen, um keine Wurzeln zu beschädigen. Gießstäbe können den Boden rings um die Pflanzen wässern, ohne die Blätter zu treffen.

Für buschige und vitale Kräuter

Entspitzen, Schneiden und Düngen – schon mit diesen einfachen Pflegemaßnahmen werden Ihre Kräuter in den nächsten Wochen groß, buschig – und vor allem aromatisch.

CHECKLISTE

- **KRÄUTER DÜNGEN:** Mehrjährige brauchen viel Nahrung
- **LANGLEBIGE KRÄUTER** umtopfen oder frische Erde zugeben
- **BLATTKRÄUTER ENTSPITZEN,** um die Blütezeit zu verzögern
- **RICHTIGER ERNTESCHNITT** für beständiges Weiterwachsen
- **KALKFREI GIESSEN** durch Regenwasser sammeln

KRÄUTER DÜNGEN

Auch Kräuter brauchen Dünger. Wie viel, hängt von der Art und dem Standort ab. Mehrjährige wie Basilikum, Schnittlauch, Petersilie oder Salbei sind ganz schöne Vielfraße. Sie lieben humose, nahrhafte Böden und bekommen jetzt speziellen Kräuterdünger – vor allem in neu angelegten Beeten, die vorher ungedüngt waren. Auf jahrelang gedüngten Flächen lassen Sie die Kräuter erst mal wachsen und handeln nur, wenn Sie mit dem Wuchs unzufrieden sind. Aber nicht alles auf einmal geben, da Kräuter auf hohe Nährstoffgaben empfindlich reagieren – sogar auf die aus organischen Düngern. Teilen Sie die empfohlene Menge auf mindestens zwei Gaben auf. Mediterrane Kräuter sind dagegen genügsam und lieben daher auch Sandböden. Ihnen reicht im Frühjahr etwas Kompost.

LANGLEBIGE KRÄUTER VERWÖHNEN

Rosmarin, Thymian, Petersilie, Schnittlauch, Currykraut und andere mehrjährige Kräuter stehen jahrelang in derselben Erde – im Kübel genauso wie im Beet. Topfen Sie die Pflanzen daher jetzt um und gönnen Sie ihnen frische Erde. Kräuter im Beet müssen Sie nicht dauernd umpflanzen, es reicht, die oberste Erdschicht etwas abzutragen und durch reifen Kompost zu ersetzen.

Flüssignahrung

ACHTUNG, SCHNECKEN!
SIE FRESSEN NACHTS UND VERKRIECHEN
SICH DANN, WO ES FEUCHT IST.
NICHT ZU DICHT PFLANZEN UND NUR
MORGENS GIESSEN.

Kräuter entspitzen

Regenwasser ist kalkfrei

REGENWASSER SAMMELN

Vor allem Kräuter in Töpfen und Kübeln reagieren auf kalkhaltiges Gießwasser beleidigt. Wer mit Leitungswasser gießt, sollte daher den Kalkgehalt bzw. den Härtegrad mit Teststreifen überprüfen. Je härter, desto mehr Kalk ist im Wasser. Besser ist es in jedem Fall, Regenwasser zu sammeln. Das ist weich und fällt zudem kostenlos vom Himmel. Regentonnen gibt es in verschiedenen Größen, sie lassen sich an Regenrinnen und Fallrohren von Schuppen-, Garagen- oder auch Hausdächern anschließen.

KRÄUTER PINZIEREN

Bei Blattkräutern kommt es auf die aromatischen Triebe und Blätter an, nicht auf Blüten. Blühende Kräuter lassen sich zwar auch noch ernten, das meiste Aroma haben Kräuter aber kurz vor der Blüte. Ausnahmen sind Oregano und Bohnenkraut, die auch während der Blüte aromatisch bleiben. Durch sogenanntes Pinzieren der Triebspitzen zwingt man die Pflanzen zur Bildung von Seitentrieben, an denen sich dann neue Blütenanlagen bilden – das zögert die Blüte heraus. Schneiden Sie bei den im Wachstum befindlichen Kräutern ein Stück der Triebspitzen ab.

ERSTE ERNTEN

Mit einer scharfen Schere geht's am besten: Ernten Sie Thymian, Estragon und andere Kräuter so, dass gut die Hälfte der Triebe stehen bleibt, damit sich die Pflanze rasch erholt. Bei krautigen Pflanzen wie Schnittlauch erntet man generell ganze Stiele. Bei Dill schneidet man Triebe bodennah ab, während man die Blätter bei Basilikum, Rosmarin und anderen unten verholzenden Kräutern als ganze Triebe bis zur nächsten Verzweigung abschneidet.

Pflegen, Heilen und Vorbeugen

Reiche Ernte garantiert: Im Mai kann man als Gärtner mit wenigen Handgriffen dafür sorgen, dass Obstbäume von Schädlingen verschont bleiben und Beerenobst vital bleibt.

Junge Obstbäume sind recht durstig.

Grauschimmel dringt durch die Blüten ein.

ERST WERDEN UNREIFE FRÜCHTE BRAUN-FLECKIG, IRGENDWANN SIND DANN AUCH DIE REIFEN FRÜCHTE VON EINEM MAUSGRAUEN PELZ, DEM GRAUSCHIMMEL, ÜBERZOGEN UND UNGENIESSBAR.

JUNGE OBSTBÄUME WÄSSERN

Wer neue Obstbäume pflanzt, wählt meist kleine Sorten, die den Rahmen des Gartens auch nach Jahren nicht sprengen. Solche Bäume entwickeln aber schwächere Wurzelsysteme als ihre wüchsigen Verwandten. Alles, was den jungen Bäumen eine gute Nährstoff- und Wasserversorgung garantiert, ist daher von Vorteil. Wichtig sind gründliche Wassergaben bei Trockenheit. Und das in den ersten 2 bis 3 Jahren nach dem Pflanzen! Eine Baumscheibe unterstützt den Wasserhaushalt des Bodens, die Sie regelmäßig mit leckerem Kompost – oder wenigstens einer unkrauthemmenden Mulchdecke – füllen. Da eigener Kompost oft voll von Unkrautsamen ist, kombinieren Sie am besten beides: Erst Kompost und dann trockener Rasenschnitt als Abdeckung.

CHECKLISTE

- **JUNGE OBSTBÄUME** brauchen eine gute Wasserversorgung
- **INFEKTIONEN MIT GRAUSCHIMMEL** bei Erdbeeren vermeiden
- **BEERENOBST** mag Mulch
- **MIT LOCKSTOFFFALLEN** den Befall von Apfelwicklern und Kirschfruchtfliegen reduzieren

OBSTMADENFALLEN HÄNGEN SIE EINFACH IN DIE ZU SCHÜTZENDEN BÄUME.

Obstmadenfallen ab Mai – oft zur Blütezeit – aufhängen.

ACHTUNG, BOTRYITIS

Grauschimmel *(Botrytis)* ist eine der lästigsten Krankheiten bei Erdbeeren und kann in feuchten Jahren die Ernte ruinieren. Die Infektion der Fruchte erfolgt nur durch die Blüte. Wer vorbeugend spritzen will, hat nur und ausschließlich von Beginn bis zum Ende der Blüte mit mehrmaligen Behandlungen Erfolg. Pflegemaßnahmen wie ein weiter Pflanzabstand und eine dicke Mulchschicht können auch bei infizierten Pflanzen das Ausbrechen der Krankheit verhindern. Die Pilze überwintern an abgestorbenen Pflanzenresten, die man vorbeugend unbedingt entfernen sollte.

BEERENOBST MULCHEN

Grasschnitt ohne Unkrautsamen, Stroh oder Holzhäcksel und eine Portion Hornspäne: Wer es noch nicht dran gedacht hat, kann jetzt noch sein Beerenobst mulchen, um den Boden feucht zu halten und die Pflanzen mit Humus zu versorgen.

KEIN MADIGES OBST DURCH LOCKSTOFFFALLEN

Madige Äpfel und Kirschen können einem glatt den Appetit verderben: Schuld sind Apfelwickler, das sind kleine Falter, beziehungsweise Kirschfruchtfliegen. Beide legen ihre Eier in die jungen Früchte, aus denen 1 bis 2 Wochen später die Larven schlüpfen – die Raupen bzw. Maden. Ab Ende Juni fallen dann madige Früchte vom Baum. Mit Lockstofffallen können Sie mannliche Apfelwickler fangen – keine Männchen, keine Nachkommen. Gegen Kirschfruchtfliegen hängen Sie Gelbtafeln auf, die oft ebenfalls noch einen Lockstoff enthalten – die Tiere fliegen auf diese Farbe und bleiben kleben.

Leckere Tomatenfrüchte

Gesund und lecker- diese Tomatensorten begeistern garantiert jeden Gourmet. Matschige Tomaten kommen auf den Kompost – oder man sät sie aus und zieht daraus neue Tomaten für den Sommer.

Selbst gezogene Jungpflanzen

... AUS TOMATENSCHEIBEN ZIEHEN

Die Aussaat Korn für Korn ist zu mühsam? Neue Tomaten gibt's auch ganz auf die Schnelle, denn Tomatenpflanzen lassen sich auch aus den Kernen überreifer Früchte aus dem Supermarkt ziehen, die man normalerweise sofort zum Kompost bringen würde. Der Clou: Man sät keine einzelnen Samen, sondern ganze Tomatenscheiben aus. Die Sortenreinheit der Sämlinge ist dabei nicht mehr gewährleistet, es ist mehr ein Überraschungspakt – und auf jeden Fall ein großer Spaß für Kinder.

SO GEHT'S

Schneiden Sie die Früchte in 5 mm dicke Scheiben. Die Schnittflächen müssen an der Luft antrocknen, bevor man sie in die Aussaatschale legt, dünn mit Erde bedeckt und die Schale warm stellt. Angießen ist erst mal nicht erforderlich, die Tomaten sind feucht genug. In zu feuchter Erde schimmeln die Früchte. Nach gut 3 Wochen keimen die Samen. Lösen Sie die Sämlinge vorsichtig aus der Erde und den Resten der Tomatenscheiben und pikieren sie in Töpfe. Ist der Topfballen komplett durchwurzelt, pflanzen Sie die Tomaten im Garten oder Kübel aus.

HIER STELLEN WIR IHNEN NOCH EIN PAAR BESONDERS LECKERE TOMATENSORTEN VOR!

SIE BRAUCHEN

- **SCHARFES KÜCHENMESSER**
- **BREITE SAATSCHALE**
- **SPEZIELLE, NÄHRSTOFFARME ANZUCHTERDE,** die Sämlinge zur Bildung vieler Wurzeln überredet
- **ETWAS GEDULD.** Die Samen keimen nach gut 3 Wochen
- **PFLANZKÜBEL UND TOPFERDE,** wenn die Jungpflanzen in Kübeln wachsen sollen

Indigo Rose

Die fast schwarzen Früchte bekommen zur Vollreife noch einen violetten Schimmer und sind der Blickfang in jedem Salat. Die Sorte 'Indigo Rose' möchte regensicher stehen und ist ab August erntereif.

Wildtomate Golden Currant

Üppiger Ertrag und angenehme Süße: Die kleinen Früchte sind perfekte Nasch- und Snacktomaten. Die rankenden Pflanzen brauchen ein Gerüst und etwas Platz, müssen aber nicht ausgegeizt werden.

Freilandtomate Resi

Ob im Kübel oder im Freiland, die robusten Cocktailtomaten werden ab Juli reif. Man kann sie bis zum Herbst ernten. Der süße Geschmack macht die vergleichsweise geringen Erträge mehr als wett.

Primavera

Geplatzte Früchte? Nicht mit dieser Freilandtomate, die nicht nur süße, saftige Früchte, sondern auch eine gute Toleranz gegenüber der Kraut- und Braunfäule hat. Die Erntezeit beginnt Anfang Juli.

Ida Gold

Diese gelben Buschtomaten werden bereits im Juni reif und wachsen im Kübel oder etwas geschützt im Freiland. Die Sorte ist pflegeleicht und wächst ohne Aufbinden. Ausgeizen ist nicht nötig.

Fuzzy Wuzzy

Rot, mit gelben Streifen und spitzen Früchten: Die Tomaten sehen gut aus und schmecken würzig-fruchtig. Man möchte die Früchte am liebsten gleich vernaschen – und kann es – sogar auf dem Balkon.

Möglichst morgens wässern

JUNI
Der Garten steht nun in voller Blüte

Im Juni ist Gartengenuss angesagt. Aber ob Brombeeren schneiden, Kräuter verjüngen oder Rhododendren ausputzen – die Blüte der Sommerlinde gibt auch das Startsignal für wichtige Arbeiten im sommerlichen Garten.

PERFEKT IN FORM

Jetzt können Sie Kirschlorbeer und andere immergrüne Hecken schneiden. Achten Sie auf brütende Vögel im dichten Geäst, dann ist ein Heckenrückschnitt ebenso tabu wie der vom Bundesnaturschutzgesetz verbotene radikale Schnitt von Gehölzen im Zeitraum von März bis September. Mit dem Schnitt von Stauden kann man im Sommer sein blühendes Wunder erleben: Statt Samen zu bilden, stecken viele Pflanzen ihre Energie in neue Blüten. Sie remontieren, wie der Gärtner sagt. Das klappt auch mit blühfaulen Sommerblumen im Balkonkasten.

REINE TERMINSACHE

Mit dem 24. Juni endet die Zeit von Spargel und Rhabarber. Der Spargel treibt dann wieder durch und schmeckt auch nicht mehr, Rhabarber kann sich in den folgenden Monaten in aller Ruhe von der stressigen Ernte erholen. Der Stichtag hat beim Rhabarber nichts mit dem Gehalt an leicht giftiger Oxalsäure zu tun, der steigt nicht ab dem 25. Juni sprunghaft an, sondern ist immer gleich.

Blütenpflege bei Stauden & Co.

Mit einer Gartenschere und kleinen Handgriffen überreden Sie viele Stauden nach der Blüte zu einer weiteren Blütezeit und entfernen damit gleichzeitig auch kranke Triebe und Blätter.

Schneiden fördert die Blüte

STAUDEN SCHNEIDEN

Um die Blütezeit zu verlängern, gibt es bei Staudenarten unterschiedliche Möglichkeiten. Wenn man laufend Verblühtes entfernt, stärkt das jede Staude, verhindert die Selbstaussaat und man nimmt Pilzen einen wichtigen Infektionsherd. Manche Stauden wie Phlox, Kokardenblumen oder Sonnenbraut blühen durch Ausputzen sogar länger, wenn Sie das Verblühte bis zur ersten Verzweigung des Blütenstiels abschneiden. Bei Rittersporn, Schafgarben,

Starthilfe für Kletterpflanzen

Salbei, Indianernesseln und anderen Stauden mit hohen Blütenstängeln bewirkt ein bodennaher Rückschnitt eine zweite Blüte, Frauenmantel bekommt dadurch frische, saftig grüne Austriebe.

KLETTERPFLANZEN AUFLEITEN

Wenn Sie schnellen Sichtschutz brauchen oder grüne Wände lieben, ohne sich auf Jahre festzulegen, dann sind einjährige Kletterpflanzen perfekt. Auch wenn Schwarzäugige Susanne, Wicken und andere Kletterpflanzen sich selbstständig an ihrem Gerüst empor winden, sollte man sie zunächst an ihre Rankhilfe heranführen und einige der längsten Triebe vorsichtig um einen der unteren Rankstäbe wickeln. Wichtig: Die Pflanzen winden sich links herum, und so sollte man sie auch aufwickeln.

SOMMERPAUSE BEI BLUMENZWIEBELN

Lasst mich in Ruhe, ich mach' Pause: Bevor sich Tulpen & Co. allerdings in die

EIN STAB MARKIERT DEN STANDORT DER NARZISSENZWIEBELN IM BEET. ACHTUNG, AUCH HIER BEI TROCKENHEIT WÄSSERN.

Blüten statt altes Laub

Mischer zum Flüssigdüngen

STAUDEN DÜNGEN

Stauden sind genügsam, als Nahrung reichen meist Kompost und Hornmehl im Frühling. Richtig hungrig sind nur die üppig blühenden Beetstauden wie Rittersporn, Phlox, Sonnenhut oder Sonnenbraut. Wer diese mit einem Rückschnitt im Sommer zu einer zweiten Blüte überredet, sollte ihnen dafür auch die nötigen Nährstoffe liefern. Bewährt hat sich rasch wirkender Mineraldünger, den es unter dem Namen „Blaukorn Novatec“ als Granulat und für eng stehende Pflanzungen auch in flüssig gibt, und der im Vergleich zu anderen „Blaudüngern“ länger wirkt.

CHECKLISTE

- **STAUDEN** zur Verlängerung der Blütezeit schneiden
- **EINJÄHRIGE KLETTERPFLANZEN** für schnellen Sichtschutz aufleiten
- **BEI ZWIEBELBLUMEN** das abgestorbene Laub abschneiden
- **VERBLÜHTE BEETSTAUDEN** brauchen Zusatznahrung

Sommerpause verabschieden, sollte man ihr Laub abschneiden – und das muss erst vollständig abgestorben sein. Damit lassen sich viele Zwiebelblumen ganz schön Zeit. Um den Platz im Beet aber trotzdem schon nutzen zu können, stellen Sie einfach Pflanzkübel auf hohen Steinen ins Beet über die Zwiebelpflanzen. Das kaschiert auch gleichzeitig das Laub. Merken Sie sich später unbedingt die Standorte der Zwiebeln im Beet, damit sie diese nicht bei Pflanzarbeiten aus Versehen ausgraben. Bewährt haben sich einfache Stöcke oder auch Dekostäbe. Wer sehr viele Zwiebelpflanzen hat, macht am besten ein Foto vom Beet und weiß dann genau, was sich wo im Boden befindet.

Aufbinden und düngen

Jetzt werden Gurken festgebunden und die Beete mit Pflanzen-Jauchen gegossen – und bei Tomaten ist ein Dach über dem Kopf der beste Schutz vor Pilzen.

Pflanzen-Jauchen sind stickstoffhaltig.

NATURKOST FÜR PFLANZEN

Was die Dose Spinat für Popeye ist, ist Brennnessel-Jauche für Gemüse! Sie enthält Stickstoff und reichlich Mineralstoffe und ist vor allem leicht herzustellen. Ernten Sie etwa 1 kg frische, aber noch nicht blühende Brennnesseltriebe. Sie brauchen einen Maurerkübel und pro Kilo Blätter 10 Liter Wasser. Stellen Sie das Gefäß in die Sonne und lassen Sie alles vergären. Nur nicht gerade neben der Terrasse, die schäumende Brühe stinkt. Um das abzumildern, geben Sie etwas Bentonit dazu. Nach 2 Wochen hört die Brühe auf zu schäumen und wird klar und dunkel. Zum Gießen verdünnen Sie die Jauche 1:10.

Seile als Rankhilfe für Gurken

MEHRFACH ERNTEN

Lässt man von Kohlrabi bei der Ernte einen flachen Rest der Knolle auf ihrem Stängel stehen, bilden sich mehrere kleine, zarte Knöllchen und man kann noch mal ernten.

GURKEN, TOMATEN UND PAPRIKA FESTBINDEN

Schlangengurken und Paprika haben einiges gemein: Sie sind hungrig und brauchen daher reichlich organischen Dünger, sie lieben Wärme und wachsen daher am liebsten in Gewächshäusern. Und sie brauchen eine Stütze, ohne die sie umknicken oder wie Freilandgurken als Bodendecker wachsen und sich dort

Tomaten lieben trockene Plätze.

Geiztriebe ausbrechen

TOMATEN AUSGEIZEN

In den Verzweigungen zwischen Stamm und Blattstiel bzw. Seitentrieben bilden Tomaten laufend Seitentriebe, die Sie allerdings bald entfernen sollten. Denn diese sogenannten Geiztriebe wuchern stark, sind lang, nicht besonders stabil und veranlassen die Tomatenpflanzen sehr viel Energie in die Produktion von Trieben und Blattmasse zu stecken. Das ist ein natürlicher Vorgang, im Garten möchte man aber keine buschigen, verzweigten Tomatenpflanzen, sondern aufrecht wachsende mit großen Früchten. Nehmen Sie die Geiztriebe einfach zwischen Daumen und Zeigefinger und zupfen sie ab.

ACHTUNG, ZU ENG ANLIEGENDE TOMATENHÄUSER FÜHREN ZU FÄULNIS.

CHECKLISTE

- **BRENNNESSEL-JAUCHE** als Dünger für Starkzehrergemüse ansetzen
- **KOHLRABI** mehrfach ernten
- **PFLANZSTÜTZE WICHTIG** bei Gurken, Tomaten und Paprika
- **KRAUTFÄULE VERMEIDEN:** Tomaten bodennah gießen und für Regenschutz sorgen
- **PERFEKTER WUCHS FÜR TOMATEN:** Geiztriebe entfernen

womöglich noch Pilze oder faulende Früchte einfangen. Im Gewächshaus sind Seile aus Bast oder Kunstfaser eine sehr gute und vor allem preiswerte Rankhilfe: Man kann sie im Boden mit Heringen verankern, bis zum Dach straff hochziehen und an der Dachkonstruktion festbinden. Eine Alternative für Gurken ist gespannter Schafdraht, für Paprika und Tomaten sind es Bambusstäbe.

TOMATEN PFLEGEN

Tomaten wachsen jetzt nahezu von alleine. Absolut wichtig ist aber ein regensicherer Platz (siehe auch Seite 55). Im Garten kann man jetzt noch einen dreiseitigen Regenschutz aufstellen, der an einer Seite offen und zur Hauptwindrichtung geschlossen ist (nicht aus Plastik, da keine ausreichende Belüftung gewährleistet ist). Denn stehen Tomaten im Regen, fangen sie sich schnell die gefürchtete Krautfäule ein, die ganze Tomatenpflanzen ruiniert. Wässern Sie nur von unten und entfernen Sie vorsorglich alle bodennahen Blätter, die sonst vom Spritzwasser getroffen werden.

Verjüngen und Pflanzenschutz

Zu den regelmäßigen Pflegemaßnahmen gehört Gießen, aber auch die Pflanzenkontrolle. Denn von Rostpilzen befallene Kräuter sind ungenießbar, bei ihnen hilft nur eine Radikalkur.

Rückschnitt von Lavendel

ROSTPILZE LIEBEN HOHE LUFTFEUCHTE. GIESSEN SIE DIE KRÄUTER MÖGLICHST NUR VON UNTEN, DAMIT DIE BLÄTTER TROCKEN BLEIBEN UND DIE PILZE SCHLECHT KEIMEN.

KRÄUTER VERJÜNGEN

Minze, Lavendel, Rosmarin und andere ausdauernde Kräuter werden mit den Jahren größer und verholzen im unteren Bereich. Das lässt sich verhindern, indem Sie die krautigen Triebe nach der Blüte tief abschneiden. Die Pflanzen treiben danach schön buschig wieder aus. Die Schnittreste können Sie zur Stecklingsvermehrung nehmen (siehe auch Seite 28). Zu groß gewordene Kräuter können Sie teilen und dadurch auch vermehren. Das geht aber nur bei buschigen Pflanzen mit mehreren Trieben. Graben Sie den Wurzelballen aus und schneiden ihn in mehrere Teilstücke.

CHECKLISTE

- **VERHOLZENDE KRÄUTER** zurückschneiden
- **ROSTPILZE:** befallene Triebe rauschneiden
- **SAATBEETE UND -SCHALEN AUSDÜNNEN:** nur die Stärksten bleiben
- **WASSERGABEN:** Kräuter haben unterschiedliche Ansprüche

Sämlinge dicht an dicht

Kräuter morgens gießen

SCHLUCKSPECHTE UND ASKETEN

Muss man viel oder wenig gießen? Kräuter mit großen oder weichen Blättern wie Basilikum, Melisse, Liebstöckel, Schnittlauch, Estragon oder Petersilie sind recht durstig und brauchen regelmäßig Wasser. Kräuter mit kleinen, harten oder behaarten Blättern kommen oft aus dem Mittelmeerraum und überstehen auch zeitweilige Trockenheit bestens. Dazu gehören Rosmarin, Thymian oder Salbei. Topfkräuter sind generell durstiger als Beetpflanzen. Gießen Sie möglichst morgens, dann trocknen die Pflanzen rasch ab und sind für Schnecken und Pilze unattraktiver.

ROSTPILZE BEKÄMPFEN

Schneiden Sie auch Kräuter zurück, die von Rost befallen sind. Betroffen sind oft Melisse oder Minze. Die Pilze kündigen sich überall auf der Blattoberfläche mit hellbraunen Blattflecken an. Nach einigen Tagen geht es dann an genau diesen Stellen auch auf der Blattunterseite weiter – mit leuchtend gelben oder orangefarbenen Pusteln. Betroffen sind meist ältere Pflanzen, die dicht an dicht im Beet stehen. Die befallenen Triebe kommen in die Biotonne. Die Neuaustriebe sind dann pilzfrei. Spritzen müssen Sie nicht und man möchte es bei seinen Kräutern ja auch nicht.

WENIGER IST MEHR – SAATREIHEN AUSDÜNNEN

Ob bei Basilikum oder auch Radieschen und Möhren – drängeln sich die Sämlinge dicht an dicht im Beet, wird es Zeit, in Saatreihen für Ordnung zu sorgen. Denn sonst stehen sich die Pflanzen gegenseitig im Weg und machen sich Wasser und Nährstoffe streitig. Lassen Sie daher nur die jeweils stärksten Pflänzchen stehen und zupfen die übrigen aus, sodass für die jeweiligen Pflänzen die empfohlenen Pflanzabstände entstehen (siehe Buchklappe hinten) – machen Sie das bei Möhren möglichst bei Regen, der Duft verletzter, zarter Pflanzen lockt sonst Möhrenfliegen an. Sämlinge in Saatschalen pikiert man: Greifen Sie die Sämlinge vorsichtig am Schopf, hebeln Sie die Pflänzchen mit einem Pikierstab aus der Erde uns setzen Sie sie in einen Topf mit Aussaaterde, in die Sie zuvor mit dem Stab ein Loch gestanzt haben.

Pflege für gute Früchte

Erste Kirschen, Stachel- und Johannisbeeren werden geerntet. Im Obstgarten stehen im Juni aber auch noch einige Pflegearbeiten an, um noch heranreifende Früchte zu schützen.

CHECKLISTE

- **SCHUTZHAUBEN** für Obstgehölze anbringen
- **MULCHSCHICHT** aus Stroh und Erde für Beerenobst
- **BESSERE REIFE FÜR APFEL & CO.:** zu viel Fruchtbehang entfernen
- **FRISCHE BROMBEERTRIEBE** jetzt einkürzen

Sonnenschutz für Stachelbeeren

Mulch höchstens 5 cm dick auftragen.

NETZE GEGEN GIERIGE VÖGEL UND SONNENBRAND

Stachelbeeren sind dünnschalig und bekommen leicht einen Sonnenbrand, der sich mit rötlich verfärbten Früchten bemerkbar macht. Die Sträucher fühlen sich daher im lichten Schatten von Bäumen besonders wohl. An sonnigen Plätzen sind die Pflanzen in der Zeit der Fruchtreife für einen Sonnenschirm aus lichtem Vlies dankbar. Das gilt auch für den Fall, dass ein Schatten spendender Baum durch Pflegemaßnahmen oder einen Sturm entfernt wurde. Auch andere Pflanzen sind jetzt für eine Schutzhaube dankbar, nämlich Kirschen oder Johannisbeeren, die Sie mit einem Netz vor Vögeln schützen können.
Wichtig: Das Netz muss die Pflanze lückenlos umschließen und dicht verzurrt sein, sodass kein Vogel unter das Netz gelangt und gefangen wird.

FANGOPACKUNG FÜR BEERENSTRÄUCHER

Humuslieferant, Feuchtepackung für den Boden und Unkrautunterdrücker: Mulchen Sie Beerenobst mit Stroh, Häckseln oder Humuserde. Baumscheiben nicht bis zum Stamm mulchen, das zieht Mäuse an. Bei Stroh und Holzwolle immer Hornmehl als Stickstoffquelle mit verteilen, da die kohlenstoffreichen Fasern bei Mikroorganismen so beliebt sind, dass sie sich bald

Nur die dicksten Früchte bleiben am Baum.

Frische Seitentriebe bei Brombeeren abschneiden.

BEI DER ERDBEERERNTE DIE LECKERSTEN FRÜCHTE FÜR DIE NACHZUCHT IM JULI MARKIEREN.

darüber hermachen, sich vermehren und Stickstoff verbrauchen. Stroh liefert aber nur wenig nach und die Mikroorganismen bedienen sich aus der Erde – Pflanzen gehen leer aus.

ÜBERSCHÜSSIGES OBST ENTFERNEN

Äpfel und auch andere Kernobstbäume meinen es oft zu gut und setzen mehr Früchte an, als sie versorgen können. Das sind meist spät bestäubte oder von Schädlingen befallene Früchte, die ohnehin im Wachstum zurückbleiben. Anfang Juni wirft der Baum diese Früchte von selbst ab – der sogenannte Junifall ist ein naturlicher Vorgang. Nur wenn danach immer noch zu viele Früchte an den einzelnen Fruchtbüscheln hängen, sollten Sie – auch wenn es schwerfällt – nachhelfen und die schwächsten Früchte abschneiden. Die Früchte sollten immer einige Zentimeter Abstand zu den Nachbarn haben, dann ist eine gute Reife gewährleistet.

BROMBEEREN IN FORM BRINGEN

Im Sommer sollten Sie Brombeeren zurechtstutzen. Schneiden Sie die Seitentriebe der frischen, diesjährigen Ruten soweit zurück, dass am verbleibenden Triebstück noch zwei bis vier Augen bleiben. Der richtige Zeitpunkt ist meist gegen Mitte Juni, wenn die Triebe an der Basis zu verholzen beginnen. Aus diesen Augen wachsen dann im nächsten Jahr die Fruchtruten. Wild gewordene Triebe, die über das Rankgerüst oder sogar das Beet hinauswachsen, schneiden Sie rigoros ab. So kann die Pflanze größere Früchte bilden, statt viel Energie mit den wüchsigen Trieben zu verplempern. Die Blüten und damit die Früchte bilden sich an zweijährigen Trieben. Abgetragene Triebe schneiden Sie komplett weg.

Verblühte Dahlien abschneiden

JULI
Wasserträger und Gartengenießer

Wässern gehört im Juli zur obersten Pflicht jedes Gärtners – besonders wenn man Sandboden hat. Aber auch der Genuss kommt nicht zu kurz. Mit dabei: Warme Abende und Blüten.

SOMMER, SONNE – PFLANZEN WÄSSERN

Verwöhnen Sie Ihren Garten nicht mit kleinen Schlückchen, sondern geben Sie Ihren Pflanzen lieber seltener, dann aber auch reichlich zu trinken. Nur so kann das Wasser tiefer als 10 cm in den Boden sickern und die Pflanzenwurzeln erreichen. Kleine Schlückchen verdunsten fast vollständig – die Pflanzen bleiben durstig. Bei Lehm reicht meist einmal wöchentlich, bei Sandboden alle 2 bis 3 Tage. Gießen Sie morgens. Nach abendlichem Gießen bleiben Boden und Blätter noch recht lange feucht – die perfekte Rutschbahn für Schnecken und beste Keimmöglichkeiten für diverse Schadpilze.

DUFTE SITZPLÄTZE

Die langen, warmen Abende laden geradezu zum Verweilen im Garten ein. Doch eine Sommernacht ohne verführerischen Duft? Ziertabak, Engelstrompete, Nachtviole, Wunderblume und Nachtkerze beispielsweise sind typische Abenddufter. In einer geschützten Ecke reichen ein bis zwei Duftpflanzen.

Blüten- und Teichpflege

Gegen wuchernde Algen im Teich helfen natürliche Klärwerke – aber nur bei entsprechender Wassertiefe. Zweijährig wachsende Blumen dürfen jetzt ins Beet.

Zweijährige lieben lockere Erde.

Tausendblatt klärt Teichwasser

IN KLEINEN ODER FLACHEN TEICHEN WIRD DAS WASSER SCHNELL WARM, ALGEN WERDEN IMMER EIN THEMA SEIN. GEBEN SIE DAHER REGELMÄSSIG EIN ALGENMITTEL INS WASSER.

ZWEIJÄHRIGE INS BEET PFLANZEN

Wer Anfang Juni Bartnelken, Goldlack, Stockrosen und andere zweijährige Pflanzen in kleine Töpfe oder Multitopfpaletten gesät hat, kann die Jungpflanzen ab Mitte Juli an ihren endgültigen Standort in den Garten pflanzen. Wichtig: Wer im Haus ausgesät hat, sollte die Pflänzchen nicht gleich der prallen Sonne aussetzen, sondern sie an einem schattigen Platz im Freien akklimatisieren lassen. Das härtet ab!

MIT PFLANZEN GEGEN ALGEN

Unterwasserpflanzen wie Tausendblatt oder Laichkraut sorgen für Sauerstoff im Gartenteich, bieten Tieren Verstecke und ärgern gleichzeitig die Algen, da sie ihnen die Nährstoffe vor der Nase wegschnappen. Frei im Wasser schwimmende Pflan-

CHECKLISTE

ZWEIJÄHRIGE vor dem Auspflanzen akklimatisieren

GEGEN ALGENBILDUNG Unterwasserpflanzen im Teich einsetzen

RHODODENDRON STÄRKEN: Blüten ausknipsen und düngen

SEEROSEN einfach düngen

BEI STARKEM MEHLTAUBEFALL Spritzmittel einsetzen

Hilfreiches Plastikrohr zum Düngen

Gegen Mehltau hilft nur Spritzen.

zen wie Wassernuss, Froschbiss oder Krebsscheren erfüllen den gleichen Zweck, bilden sogar noch leuchtend weiße Blüten und wirken für den Teich wie ein kühlender Sonnenschirm. In großen Teichen mit über einem Meter Tiefe sind Algen eher eine lästige Kinderkrankheit, die nach einigen Jahren bei ausgewogener Bepflanzung von selbst verschwindet.

BEI RHODODENDRON DIE BLÜTEN AUSKNIPSEN

Nehmen Sie verblühte Rhododendronknospen zwischen Daumen und Zeigefinger und brechen Sie diese mit einem Ruck seitlich aus. Das verhindert die Samenbildung und stärkt die Pflanzen. Geben Sie anschließend noch speziellen Rhododendrendünger, der die Pflanzen nach der anstrengenden Blütezeit mit zusätzlicher Energie versorgt.

SEEROSEN DÜNGEN

Gartenteich und Dünger vertragen sich nicht, gelangen Nährstoffe ins Wasser, wuchern die Algen. Eine Ausnahme sind Seerosen im Korb. In Naturteichen reichert sich meist ausreichend organische Masse auf dem Teichboden an, aus denen sich Seerosen Nährstoffe holen können. In formalen oder jährlich gereinigten Teichen ist das anders, dort sind Seerosen für einen extra Happen dankbar. Damit der Dünger nicht ins Wasser kommt, gibt es einen Trick. Wickeln Sie etwas Gartendepotdünger in ein Papiertuch und rollen es zusammen. Stecken Sie ein Plastikrohr in die Erde des Seerosenkorbes, lassen den Dünger hinab und stopfen ihn mit einer langen Bambusstange in die Erde.

ECHTEN MEHLTAU BEKÄMPFEN

Mehltau ist lästig, aber gut bekämpfbar. Die Mittel gibt es als Konzentrat oder als Pulver. Das sollten Sie allerdings nicht direkt in die Spritze geben, sondern erst mit Wasser anrühren. Gärtner nennen das „Anteigen". Sonst drohen verstopfte Düsen. Die Brühe wird dann in der Spritze mit der vollständigen Wassermenge aufgefüllt.

Wasser sparen

Mulchen, Hacken, Wässern – mit diesen Tipps überstehen Pflanzen auch die heißen Sommertage und Sie sparen zudem noch wertvolles Wasser.

CHECKLISTE

- **BEIM UMTOPFEN** Schwämme untermischen
- **RASENGRÄSER** bei Hitze höher wachsen lassen
- **WENIGER** aber durchringend gießen
- **MEHR HACKEN** anstatt viel gießen
- **KIES ALS SONNENSCHIRM** bei Kübelpflanzen

Schwämme erhöhen den Wasserspeicher

Rasenmäher höher einstellen

SCHWÄMME SIND GUTE PFLANZENSITTER

Spezielle Inhaltsstoffe von Blumenerden speichern von Haus aus Wasser und geben es bei Bedarf an die Pflanzen ab. Alles, was den wasserspeichernden Anteil im Substrat erhöht, hilft den Pflanzen daher bei Hitze. Die schnellste Methode für Kübelpflanzen heißt umtopfen – mehr Erde, mehr Volumen. Denn oft stehen Kübelpflanzen in so kleinen Töpfen, dass der Wasservorrat schon nach Stunden verbraucht ist und die Pflanze schlapp macht. Beim Umtopfen können Sie gleich einige klein geschnittene Schwammstückchen untermischen, die den Wasserspeicher deutlich erhöhen.

DEN RASEN HÖHER STEHEN LASSEN

Die normale Schnitthöhe von Gebrauchsrasen liegt bei 4 cm. Lassen Sie aber den Rasen bei Hitze länger stehen – etwa 6 cm. Die einzelnen Halme beschatten sich dann gegenseitig, der Boden wird nicht so heiß und verdunstet weniger Wasser.

GIESSEN MIT TIEFENWIRKUNG

Verwöhnen Sie den Garten nicht ständig mit kleinen Schlückchen, bei denen das Wasser immer nur ein paar Zentimeter weit in den Boden sickert. So haben Pflanzen überhaupt keine Lust, ihre Wurzeln tiefer in den Boden zu schicken und machen

AN GROSSEN BLÄTTERN LÄUFT WASSER WIE AN DACHZIEGELN AB UND ERREICHT DIE PFLANZENBASIS NICHT – DIE PFLANZEN BLEIBEN TROTZ KURZER REGENSCHAUER ODER BEWÄSSERUNG VON OBEN TROCKEN.

Hacken spart Wasser

Kies hemmt die Verdunstung

EINE DÜNNE GRASSCHICHT IST EINE PERFEKTE MULCHSCHICHT – EFFEKTIV UND KOSTENLOS.

bei Trockenheit schnell schlapp. Wenn Sie Gießen, dann richtig, aber seltener. Bei Lehm reicht wöchentlich, bei Sand alle 2 bis 3 Tage. Der Boden sollte 15 cm tief durchfeuchtet werden. Um zu wissen, wie lange Ihr Regner dafür braucht, stellen Sie einen Regenmesser auf.

HACKEN SPART WASSER

Wer regelmäßig zur Hacke greift, spart Wasser. Die Hacke kappt haarfeine Röhrchen im Boden, durch die Bodenwasser verdunstet. Nach dem Hacken trocknen die oberen Zentimeter des Bodens aus, darunter bleibt's aber feucht. Einmal Jäten oder auch Hacken erspart zwei Mal gießen! Genügsame Pflanzen wie Schafgarbe, Wolfsmilch oder mediterrane Pflanzen wie Salbei, Thymian oder Lavendel sind an Trockenheit gewöhnt und perfekt für richtig sonnige Beete.

MULCH ALS SONNENSCHIRM

Ein Sonnenschirm aus Mulch wirkt wahre Wunder: Der Boden bleibt kühler, Sie müssen weniger Gießen, im Garten laufen die Bodenlebewesen zur Höchstform auf und Platzregen werden abgefedert, sodass die Erde nicht gleich zur Schlammwüste wird. In Pflanzkübeln ist Kies ein dekorativer und effizienter Sonnenschirm. Trockener Rasenschnitt ist im Gemüsegarten und unter Sträuchern ideal, Rindenmulch auf Blumenbeeten. Die Schicht im Beet sollte immer nur wenige Zentimeter dick sein, sonst zieht sie Schnecken an.

Schichtwechsel im Beet

Jetzt hat der Gemüsegarten Hochsaison: Während abgeerntete Brokkolibeete neu bepflanzt werden können, sollten Sie besonders hungriges Gemüse nachdüngen und den Stangensellerie anhäufeln.

CHECKLISTE

ABGEERNTETE BEETE noch mit Wintergemüse, Gründünger oder kurzen Kulturen bepflanzen

STARKZEHRER mit schnellwirkendem Dünger vorsorgen

KNOLLENGEMÜSE: Sellerie und Fenchel anhäufeln

FÜR BLATTLAUSJÄGER: Ohrenwürmern Tontöpfe aufhängen

Lupinen lockern dichten Boden.

Kompost ist perfekt für Dauerkulturen.

NACHFOLGER IM BEET

Ob Kohlrabi, Möhren oder Brokkoli: Sobald die ersten Beete abgeerntet sind, stellt sich die Frage nach möglichen Nachfolgern. Infrage kommen nur noch Pflanzen, die wie Pak Choi oder Radieschen schnell erntereif sind oder die man wie viele Kohlarten auch im Winter erntet. Aussäen können Sie jetzt noch Möhren, Salate, Buschbohnen oder Spinat. Beachten Sie auf jeden Fall die Kulturfolge und wechseln Sie die Pflanzenfamilie. Auch der Nährstoffbedarf ist wichtig. Wo vorher Starkzehrer wie Kohl oder Sellerie standen, sollten Sie jetzt Schwach- oder Mittelzehrer wie Rote Bete oder Radieschen pflanzen. Gibt es keine direkten Beetnachfolger, verteilen Sie Mulch oder säen Gründünger wie *Phacelia* oder Lupinen. Die Pflanzen bedecken nicht nur das Beet mit ihren Blättern und wirken wie Sonnenschirme, sie lockern auch noch den Boden – Lupinen sogar bis in 2 m Tiefe. Zur Blüte kommen die Pflanzen allerdings nur noch, wenn es das Wetter gut meint.

STARKZEHRER NACHDÜNGEN

Kohl, Paprika, Tomaten und andere Gemüsearten mit reichlich Appetit brauchen jetzt viel Wasser, aber auch viel Dünger. Für Topftomaten haben sich Düngestäbchen bewährt, die einfach neben den

KOMPOSTWASSER IST SCHWACH KONZENTRIERT UND WIRD EINFACH INS GIESSWASSER GEMISCHT UND KANN ZUR NACHDÜNGUNG BEI JEDER WASSERGABE VERABREICHT WERDEN.

Kompostwasser wirkt schnell.

Tongefäße für Ohrenkneifer

Pflanzen in die Erde gesteckt werden, für ausgepflanzte Tomaten gibt es flüssigen Tomatendünger. Wächst Gemüse in Reihe und Glied, arbeiten Sie am besten schnell wirkende, mineralische Volldünger in den Boden ein. Ein natürlicher Dünger mit sehr viel Stickstoff und Kalium ist jetzt auch die selbst angesetzte Brennnessel-Jauche aus vergorenen Blättern (siehe Seite 68). Allerdings auch ein recht stinkiger! Einen ähnlichen Effekt hat Kompostwasser: Geben Sie ein, zwei Schaufeln reifen Kompost in einen 10-Liter-Eimer, füllen ihn mit Wasser und lassen ihn einige Tage stehen. Die schnell verfügbaren Nährsalze im Kompost lösen sich, voilà – Flüssigdünger. Kompost selbst ist nur zur Grundversorgung der Beete mit Nährstoffen geeignet, er wirkt erst nach Wochen. Sie können die Aufwandmenge anderer Gartendünger nach einer Kompostgabe um ein Drittel reduzieren.

STANGENSELLERIE UND FENCHEL ANHÄUFELN

Wer Mitte Mai Stangensellerie in Gräben gepflanzt hat, muss nun anhäufeln. Im Gegensatz zu Kartoffeln allerdings nicht zur Ertragssteigerung, sondern aus optischen Gründen, um bleiche Selleriestangen zu bekommen. Dafür halten Sie die Stiele zu einem Schopf zusammen und umwickeln sie mit einer Lage Pappe, binden diese zu einer Rolle zusammen und schütten von außen etwas Erde an. Der Blattschopf muss die Pappe überragen. Häufeln Sie jetzt auch Fenchel gut 2 Wochen vor der Ernte an und ziehen Erde an die Knollen heran, sodass die fleischigen Stiele bedeckt sind. So werden die Knollen schön weiß und zart.

EIN HAUS FÜR OHRWÜRMER

Ohrenkneifer sind nützliche Blattlausjäger. Für den Menschen völlig ungefährlich verkriechen sich die Insekten tagsüber an dunklen, feuchtwarmen Plätzen. Daher sind umgedrehte, mit Holzwolle oder Stroh gefüllte Tontöpfe oder -behälter ideale Verstecke, Drahtgeflecht hält das Stroh im Gefäß. Es muss eine direkte Zweigverbindung in die zu schützenden Pflanzen geben. Damit Ohrenkneifer einziehen, hängt man das Gefäß vorher ein paar Tage in Holunder oder Haseln, dort sind fast immer Ohrenkneifer.

Ernte-1x1

Die Erntekörbe füllen sich. Knollengemüse sollte bei Hitze nicht zu lange im Beet bleiben – die Früchte werden sonst rissig oder holzig.

Erntereifer Brokkoli

Blätter beschatten die Blumenkohl-Blume

BROKKOLI ERNTEN

Als Brokkoli erntet man die noch geschlossenen, festen Blütenstände der Pflanze. Man sollte die Einzelknospen gut erkennen, diese sollten aber noch verschlossen sein. Öffnen sich bereits einige Blüten, schmeckt der Brokkoli nicht mehr so gut. Lassen Sie die belaubten Seitentriebe nach der Ernte noch stehen, daran bildet sich neuer Brokkoli, wenn auch kleiner. Brokkoli kann man gut einfrieren, er sollte vorher kurz blanchiert werden. Roher Brokkoli hält sich nur kurz im Kühlschrank. Sie sollten auch Frühkartoffeln und Salate möglichst kurz nach der Ernte verzehren.

SONNENSCHUTZ FÜR BLUMENKOHL

Das Sonnenlicht lässt Blumenkohl vergilben, dunkel werden und irgendwie unappetitlich aussehen. Bei neueren Züchtungen legen sich daher einige Blätter von selbst wie ein Sonnenschirm um den sich entwickelnden Blütenstand. Ist das nicht der Fall, helfen Sie einfach nach: Biegen oder knicken Sie einige Blätter nach innen, sodass die Blume geschützt ist. Bei widerspenstigen Blättern helfen Sie mit einer Wäscheklammer nach oder „nähen" Sie mit Zahnstochern zusammen.

LAUFEND ERNTEN

Haben Zucchini erst einmal Früchte angesetzt, sollten Sie kontinuierlich ernten und dabei junge, nicht zu große Früchte einfach abdrehen. Das regt die Pflanzen

Kleine Zucchini schmecken.

Steiniger Boden macht Möhren Beine.

DER RICHTIGE ERNTEZEITPUNKT

Dickere Früchte gehen bei frühem Gemüse immer auf Kosten des Geschmacks. Ernten Sie also lieber früher als später, sonst werden etwa Erbsen mehlig und Kohlrabi holzig. Wurzelgemüse wie Rettich und Möhren schmecken dagegen besser, wenn sie länger im Boden bleiben. Viele Kohlarten werden sogar erst nach Frosteinwirkung richtig lecker. Zwiebeln und Knoblauch sind reif, wenn das Laub verwelkt. Vor dem Einlagern aber abtrocknen lassen, sonst droht Fäulnis: Binden Sie die Früchte an ihren vertrockneten Stängeln zusammen und hängen Sie diese trocken und geschützt auf.

CHECKLISTE

- **BROKKOLI** nachhaltig ernten
- **REIFENDE BLUMENKOHL-BLUMEN** vor Sonne schützen
- **ZUCCHINI** kontinuierlich durchernten
- **RICHTIGE ERNTEZEITPUNKTE** für leckere Gemüse beachten

zur Bildung weiterer Blüten und damit Früchten an, sodass man bis zum ersten Frost ernten kann. Das gilt auch für Erbsen und Bohnen. Achtung: Wenn Zucchini bitter schmecken, sind die Früchte ungenießbar und enthalten einen Giftstoff, den moderne Sorten allerdings nur bei Trocken- und Hitzestress bilden, vor allem bei Pflanzen aus eigenem Saatgut.
Bei Roter Bete können Sie auch die Blätter laufend ernten, sie dünsten, oder damit Speisen verfeinern. Für den Frischverzehr ernten Sie die Knollen bereits, wenn sie gut tischtennisballgroß sind. Schneiden Sie für die Blatternte aber immer nur die äußeren Blätter, die inneren und vor allem das Herzblatt müssen stehen bleiben, damit die Pflanzen auch ihre Knollen ausbilden können.

Gründünger – den Boden gut machen

Diese Pflanzen lockern die Erde, reichern sie mit Humus und oft auch Nährstoffen an.

Ackerbohne
Vicia faba* var. *minuta
Ackerbohnen lockern dichte Böden bis in 70 cm Tiefe. Man baut die nicht frostharten Bohnen im Frühjahr und Sommer an, als Leguminosen sammeln sie Stickstoff.

Alexandrinerklee
Trifolium alexandrinum
Eine wüchsige, nicht frostharte Pflanze, die den Boden lockert und ihn mit Stickstoff anreichert, den er sich mithilfe spezieller Bakterien aus der Luft holen kann.

Bienenfreund
Phacaelia tanacetifolia
Tolle Bienenweide, die den Boden bis zu 70 cm tief lockert, keine Probleme mit Nachfolgekulturen hat und sich daher zum Aufbrechen der Fruchtfolge eignet.

Borretsch
Borrago officinalis
Lockt Bestäuberinsekten an und holt sich als Tiefwurzler auch Nährstoffe aus tiefen Bodenschichten, die dann der Folgekultur zugute kommen. Auch ein Gewürzkraut.

Gelbsenf
Sinapis alba
Gelbsenf lockert Lehmböden bis in tiefe Schichten, ist ein Humuslieferant und unterdrückt Unkraut. Kein Anbau nach oder vor Kohl, aber Folgekultur für Kartoffeln.

Inkarnatklee
Trifolium incarnatum
Die frostharten Pflanzen lassen sich nicht lumpen, sie verdrängen Unkraut, lockern nicht zu nasse Böden bis in 120 cm Tiefe und reichern sie mit Luftstickstoff an.

Lupine
Lupinus angustifolius
Als Zierpflanze sind Lupinen schon klasse, als Bodendoktor fast unschlagbar. Sie lockern verdichtete Böden bis in 2 m Tiefe. Ideal für neue Gärten. Humuslieferant.

Luzerne
Medicago sativa
Die winterharten, tiefwurzelnden Pflanzen lockern den Boden und reichern ihn als Schmetterlingsblüher zudem mit Stickstoff an. Aussaat von März bis September.

Ringelblume
Calendula officinalis
Die Sommerblumen können Sie ab April ins Freile säen. Die Pflanzen lockern den Boden bis zu 70 cm tief, die Pflanzenreste liefern dem Boden im Herbst Humus.

Sonnenblumen
Helianthus annuus
Die Zierpflanzen sind Bienenweiden, haben aber noch eine geheime, fast unbekannte Leidenschaft: Sie wurzeln bis zu 3 m tief und lockern so den Boden.

Tagetes
***Tagetes*-Arten**
Die Blumen sind gute Bodendoktoren: Wurzlausscheidungen lassen schädliche, lange lebensfähige Nematoden schlüpfen, bieten ihnen aber keine Nahrung.

Ernten und vermehren

Neben der laufenden Kräuterernte können Sie jetzt auch für Nachwuchs sorgen – mit Stecklingen, die von vielen Kräutern sicher gelingen.

VERTEILEN SIE GRASSCHNITT AUF DEM GELOCKERTEN BODEN. DIE SCHICHT UNTERDRÜCKT UNKRAUT, BEHINDERT DIE BODENBEARBEITUNG KAUM UND LÄSST SICH BEI BEDARF SOFORT ERNEUERN.

CHECKLISTE

- **REGELMÄSSIG** im Kräuterbeet jäten und mulchen
- **ROSMARIN UND LAVENDEL** leicht durch Stecklinge vermehren
- **FÜR LAUFENDE PETERSILIENERNTE** das innere Herzblatt immer stehen lassen

JÄTEN UND MULCHEN

Simples Unkrautjäten mit einem Handgrubber spart zusätzlich Gießwasser. Wenn der Grubber die oberen Erdschichten durchwühlt, löst er nicht nur Unkräuter aus dem Boden, sondern kappt damit haarfeine Röhrchen im Boden, durch die sonst viel Bodenwasser aus tieferen Schichten an die Oberfläche steigt und dort einfach nutzlos verdunstet. Wenn Sie den Boden anschließend noch mulchen, bleibt der Boden noch länger feucht. Trockenes Gras und anderes Mulchmaterial können Sie bereits

Erde regelmäßig lockern

den Sämlingen mit ins Beet geben, die dadurch Hitzeperioden besser wegstecken. Wenn Sie jäten müssen, schieben Sie den Mulch zur Seite oder beachten ihn nicht weiter und erneuern die Schicht nach dem nächsten Rasenschnitt einfach.

STECKLINGS-ANZUCHT

Stecklinge eignen sich, um Rosmarin oder auch Lavendel in größeren Stückzahlen zu vermehren. Dazu schneiden Sie gut 10 cm lange Triebspitzen ab, die an der Basis leicht verholzt sein sollen.

Petersilie wächst langsam.

Kapuzinerkresse

Streifen Sie die Blätter der unteren Triebhälfte ab und stecken Sie die Triebe in Anzuchterde. Sorgen Sie dafür, dass diese feucht bleibt und ziehen Sie am besten durchsichtige Folie über die Töpfe. Diese darf die Blätter aber nicht berühren, es droht sonst Fäulnis. Alternativ können Sie auch eine Rosmarinpflanze im Garten anhaufeln, sodass die Triebe bis zu einem Drittel ihrer Länge in der Erde stehen. Wenn die Erde feucht bleibt, bilden sich Wurzeln und man kann die Triebe abschneiden. Das dauert länger, macht aber weniger Arbeit.

PETERSILIENERNTE

Die meisten Kräuter können jetzt laufend geerntet werden, sodass man sie jederzeit aus dem Garten holen kann. Achten Sie allerdings darauf, dass den Pflanzen immer noch genügend Blattmasse bleibt, schließlich ist die Ernte für sie stressig. Bei Petersilie ist es ganz wichtig, das Herzblatt im Inneren der Pflanze nicht abzuschneiden, das würde das Wachstum der Pflanze beenden. Ernten Sie immer von außen. Aber nie mehr als die Hälfte der Pflanzen, denn Petersilie wächst recht langsam.

ESSBARE BLÜTEN

Viele Blüten sind mehr als bloße Dekoration für Ihren Garten – sie sind essbar und peppen mit knalligen Farben und würzigem Geschmack jeden Salat auf. Dazu gehören Kapuzinerkresse, aber auch Lavendel oder Gänseblümchen. Verwenden Sie die Blüten immer nur frisch, denn sie welken schnell und verlieren dann ihr Aroma.

Pflanzenschnitt für bessere Ernte

Ob Erdbeeren oder Obstbäume: Diese Schnittmaßnahmen sorgen für eine bessere Ernte – in dieser Saison oder erst im nächsten Jahr.

CHECKLISTE

- **ERDBEERPFLANZEN** durch starken Rückschnitt kräftigen
- **SOMMERHIMBEEREN STUTZEN:** nur die kräftigsten stehen lassen
- **IN OBSTBAUMKRONEN** für ausreichend Licht sorgen
- **AUF SAUBERE SCHNITTE** für gute Wundheilung achten

Herzblätter stehen lassen

Überalterte Himbeerruten komplett abschneiden

ERDBEERBLÄTTER RASIEREN

Ob mit dem hoch gestellten Rasenmäher oder einer Heckenschere: Nach der Ernte abrasierte Erdbeeren sind blühfreudiger als unbehandelte Pflanzen – und gesünder. Denn ob Grauschimmel oder auch Weißfleckenkrankheit – die älteren Erdbeerblätter sind oft von Pilzen infiziert. Nach dem Rückschnitt wachsen bis zum Herbst neue, pilzfreie Blätter nach. Aber nur, wenn das Innere der Erdbeerpflanzen, die sogenannten Herzblätter, unbeschädigt bleiben. Auch für die Vermehrung selektierte Ableger bleiben natürlich erhalten. Nach der Ernte beginnen die Pflanzen zudem mit ihren Wintervorbereitungen und verlagern spezielle Stoffe aus den Blättern in die Wurzeln, die erneute Knospenbildungen verhindern. Darunter kann aber auch die Blüte im nächsten Jahr leiden. Der Schnitt unterbricht diesen Prozess und die Pflanzen blühen nächstes Jahr besser.

SOMMERHIMBEEREN SCHNEIDEN

Nach der Ernte kommen Sommerhimbeeren unters Messer: Kürzen Sie abgeerntete Triebe dicht über dem Boden. Meistens haben die Himbeeren auch einen ganzen Wust an neuen Jungruten gebildet, von denen Sie die schwächsten mit einer Gartenschere ganz abschneiden und pro Meter nur etwa zehn der kräftigsten stehen lassen, an denen sich im nächsten Jahr die Beeren

Wasserschosse entfernen

bilden. Bei ungepflegten Pflanzen entfernen Sie auch dicke, mehrjährige Triebe.

APFELBÄUME AUSLICHTEN

Wer im Frühjahr falsch geschnitten und zu große Äste einfach irgendwo abgesäbelt hat, steht jetzt vor einer dichten Baumkrone aus senkrechten Trieben, die kaum Licht durchlassen und das Laub nach Regenfällen lange feucht halten – viele Äpfel bekommen zu wenig Licht und Apfelschorf hat leichtes Spiel. Diese Wasserschosser entstehen bei Bäumen auf wüchsigen Veredelungsunterlagen, wenn der Baum nach dem Schnitt einfach nicht weiß, was er mit dem hohen Saftdruck aus den Wurzeln machen soll. Als eine Art Ventil sprießen die senkrechten Triebe. Ältere Triebe schneiden Sie so dicht wie möglich am Ast ab. Lassen Sie pro Schnittstelle zwei bis drei Triebe – möglichst nach außen weisende – stehen, die den Saftdruck abfangen. Diesjährige Wasserschosser sind gut 40 cm lang, nicht verholzt und lassen sich abschneiden oder auch mit einem Ruck gegen die Wuchsrichtung abreißen.

AUSGEFRANSTE SCHNITTSTELLEN MIT EINEM SCHARFEN MESSER SAUBER NACHSCHNEIDEN.

Verschnittener Apfelbaum nach einem Jahr

SAUBERE SCHNITTE

Auch wenn die Wunden abgeschnittener Äste und Zweige im Sommer viel besser heilen als im Winter, sollten Sie nur mit scharfem Werkzeug arbeiten, sodass die Holzfasern nicht ausfransen. Bei größeren Schnittflächen, etwa nach dem Absägen ganzer Äste, sollten Sie die Ränder mit einem scharfen Messer nachschneiden. Wundverschlussmittel sind nicht nötig. Schneiden Sie aber nur bei trockenem Wetter, da man sonst über die Schnittflächen schädliche Pilze wie den Obstbaumkrebs verbreiten kann.

Neues pflanzen, Altes pflegen

Jetzt haben Hobbygärtner alle Hände voll zu tun. Apfelwickler und Rostpilze sind lästig, aber in den Griff zu bekommen. Bei den Erdbeeren gibt's Nachwuchs im Beet.

Gürtel gegen Apfelwickler

MIT WELLPAPPE FÄNGT MAN RAUPEN

Im Juli bekommen die bewährten Lockstofffallen Verstärkung im Kampf gegen die Apfelwickler – 10 cm breite Streifen aus grober Wellpappe. Diese binden Sie um den Apfelstamm und kontrollieren sie wöchentlich auf Raupen. Denn nachdem sich die Raupen 4 Wochen lang in Ihren Äpfeln satt gegessen haben, verlassen sie diese ab Anfang Juli und suchen sich ein Versteck unter der Rinde. Dort überwintern sie oder verpuppen sich in warmen Jahren zu einer zweiten Generation Falter, die sich erneut über die Äpfel hermacht. Der Schaden ist noch größer, da die Äpfel nun reif oder fast reif sind. Mit dem Junifall (siehe auch Seite 73) fallen auch viele Raupen der ersten Faltergeneration zu Boden.

Unverwechselbar: Birnengitterrost

CHECKLISTE

- **MIT WELLPAPPEGÜRTELN** die Raupen von Apfelwicklern fangen
- **BIRNENGITTERROST-BLÄTTER** entfernen und kompostieren
- **NEUE HIMBEEREN** aus Absenkern heranziehen
- **ERDBEER-KINDER** in Töpfe einpflanzen und bis Herbst an der Mutterpflanze lassen

Erdbeerranke hinter dem Topf abschneiden

BEWURZLUNG KEIN PROBLEM: DIE ABLEGER HABEN SCHON VON HAUS AUS DEUTLICHE WURZELANSÄTZE.

ERDBEEREN – AUF EIN NEUES

Erdbeeren bilden lange Ranken mit Ablegern, die sich gut zur Vermehrung eignen: Heben Sie den Ableger an, der am dichtesten an der Mutterpflanze wächst, vergraben darunter einen kleinen Tontopf und pflanzen den Ableger hinein. Die Verbindung zur Mutterpflanze bleibt vorerst erhalten, nur das Rankenstück hinter dem Topf kommt weg, damit die Erdbeere keine weiteren Pflanzen versorgen muss. Vergessen Sie nicht, vorher die ertragreichsten Pflanzen für die Vermehrung zu markieren. Die Ableger bewurzeln bis zum Herbst, dann schneiden Sie auch die Ranke von der Mutterpflanze ab (siehe Seite 108).

BIRNENGITTERROST IST EIN LÄSTIGER PILZ

Die Pilze verursachen leuchtend orangefarbene Pusteln: Birnengitterrost ist in erster Linie ein Störfaktor, der den Baum schwächt und die Ernte mindern kann. Absterben werden ansonsten gesunde Bäume aber nicht. Spritzen mit einem Fungizid ist möglich, aber höchstens bei starkem Befall nötig. Die befallenen Blätter können Sie bedenkenlos kompostieren, von möglichen Dauersporen geht keine Gefahr aus. Denn Birnengitterrost ist wirtswechselnd und zur Vermehrung auf Zierwacholder wie den Sadebaum in einem Umkreis von 300 m angewiesen. Nur die dort im Frühjahr gebildeten Pilzsporen können die Birnen infizieren.

ABSENKER VON HIMBEEREN

Absenker sind die perfekte Vermehrungsmethode: Biegen Sie einen leicht verholzten, einjährigen Trieb in eine flache, 20 cm lange Rille im Boden, fixieren Sie den Trieb mit einem Zelthering und bedecken Sie einen Abschnitt mit Erde. Der Trieb wird am tiefsten Blattknoten Wurzeln bilden. Falls der Trieb Blätter hat, entfernen Sie diese, damit sie im Boden nicht faulen. Die belaubte Triebspitze muss auf jeden Fall aus der Erde ragen, im Herbst können Sie den bis dahin bewurzelten Trieb abschneiden.

Granulierter Langzeitdünger

AUGUST
Früchte zum Ernten, Beete zum Jäten

Wässern und Jäten stehen nach wie vor auf dem Gartenprogramm, im August werden aber auch die ersten Stein- und Kernobstsorten reif und im Gemüsegarten wird – reichlich – geerntet.

DOPPELTE REIFEPRÜFUNG

Bei Obstsorten stößt man immer wieder auf die Begriffe „Pflückreife“ und „Genussreife“. Das ist ein wichtiger Unterschied, denn dazwischen können Monate liegen. Pflückreifes Obst lässt sich gut ernten, hat aber womöglich noch nicht seinen vollen Geschmack. Den bekommt es erst mit der Genussreife. Erntet man zu früh, schmeckt das Obst noch nicht, erntet man zu spät, ist es nicht haltbar. Frühe Obstsorten schmecken meist direkt vom Baum, späte Sorten müssen dagegen oft noch liegen.

LOHNT DIE REPARATUR NOCH?

Rasen ist der Schluckspecht Nummer eins im Garten. Wer ihn zu wenig oder falsch gießt, steht nach einer Hitzeperiode vor einer verdorrten, braunen Fläche. Und Unkraut im Rasen bedeutet zusätzliche Wasserkonkurrenz. Stechen Sie einen gut 10 cm tiefen Block aus dem Rasen und sehen Sie sich die Wurzeln an. Sind sie noch hell und saftig, wird sich der Rasen nach entsprechenden Wassergaben oder Regenschauern erholen. Sonst muss neu eingesät werden.

Auch auf Schädlinge achten

Wässern, Unkrauthacken und Pflegeschnitte: Neben den laufenden Gartenarbeiten sollten Sie die Pflanzen auch regelmäßig auf Schädlinge untersuchen, die sich leichter bekämpfen lassen, wenn sie noch nicht hordenweise auftreten.

Typischer Buchtenfraß

Unterpflanzung mit Blumen

UNTER BÜSCHEN IST ES OFT HELL GENUG FÜR SOMMERBLUMEN, WÄHREND BUCHEN ODER KASTANIEN SO VIEL SCHATTEN WERFEN, DASS NUR WALDSTAUDEN WIE HASELWURZ WACHSEN.

DICKMAULRÜSSLER BEKÄMPFEN

Kirschlorbeer, Azaleen oder Rosen: Dickmaulrüßler lieben derbe Blätter, machen aber auch vor Stauden keinesfalls Halt. Die bräunlichen, knapp 1 cm großen und flugunfähigen Käfer verraten sich durch den typischen Buchtenfraß. Das sieht nicht schön aus, wäre auch nicht weiter schlimm – wenn sich nicht die Larven der Käfer an den Wurzeln zu schaffen machen würden und die Haarwurzeln abfressen, sodass die Pflanzen vertrocknen. Die nachtaktiven Käfer sieht man fast nie, man kann sie wie Ohrenkneifer mit Holzwolle in Blumentöpfen fangen, die man unter die befallenen Pflanzen legt. Die Larven sind im Boden vor Spritzmitteln sicher, lassen sich aber mit speziellen Nematoden aus dem Fachhandel bekämpfen.

CHECKLISTE

- **DICKMAULRÜSSLER-LARVEN** mit Nematoden bekämpfen
- **BLÜHENDE UNTERPFLANZUNG** für ältere Bäume und Sträucher
- **UNKRÄUTER** im Rasen wieder loswerden
- **PFINGSTROSEN:** alte und große Exemplare teilen
- **WÜCHSIGE GEHÖLZE** durch Schnitt bändigen

PFINGSTROSEN HABEN FLEISCHIGE WURZELN.

Pfingstrosen lieben lockere Erde.

Hochentaster – sichere Schnitte ohne Leiter

WÜCHSIGE GEHÖLZE SCHNEIDEN

Wüchsige Gehölze können Sie durch Schnitte etwas bändigen. Säbeln Sie die Pflanzen aber nicht einfach ab, sondern schneiden ganze Äste und Triebe raus. Wenn die Ausläufer von Hartriegel stören, schneiden Sie diese jetzt ab. Im Winter sind die Wurzeln randvoll mit Reservestoffen und die Pflanzen treiben stark durch – jetzt nur wenig.

ÄLTERE BÄUME UNTERPFLANZEN

Blüten auf mehreren Ebenen: Bewachsene Baumscheiben sehen gut aus, unterdrücken Unkraut und lassen Regenwasser durch. Geeignet sind robuste Stauden wie Farne, Herbstanemonen oder Purpurglöckchen, aber auch viele einjährige Sommerblumen und Kräuter wie Kapuzinerkresse. Tiefwurzler wie Obstbäume oder Eichen lassen sich besser unterpflanzen als flach wurzelnde wie Ahorn oder Birken, die anderen Pflanzen rasch das Wasser abgraben. Dort können Sie es mit tief reichenden Stauden wie Funkien oder genügsamen Vergissmeinnicht probieren. Verteilen Sie vor dem Pflanzen eine Schicht Pflanzerde zur Bodenverbesserung und graben Sie dann die Pflanzlöcher.

RASEN UNKRAUTFREI HALTEN

Treten in Ihrem Rasen Unkräuter auf, lassen sie sich relativ leicht loswerden: Durch regelmäßiges Düngen, Wässern und nicht zu tiefes, aber regelmäßiges Mähen. So stehen gesunde Grashalme dicht an dicht und lassen überhaupt keinen Platz für Unkräuter. Zur Direktbekämpfung auf schlecht gepflegtem Rasen eignen sich spezielle Herbizide.

PFINGSTROSEN AB ENDE AUGUST TEILEN

Pfingstrosen sind sehr bodenständig und mögen Umzüge gar nicht. Alte, sehr große Pflanzen kann man teilen und damit verjüngen – und vermehren. Graben Sie den aus verdickten Speicherorganen bestehenden Wurzelstock vorsichtig aus und schneiden ihn mit einem langen Messer in mehrere Teile. Bei *Paeonia officinalis*, der Bauernpfingstrose, treibt jedes intakte, kräftige Wurzelstück aus schlafenden Augen neu aus, während Edelpfingstrosen, *P. lactiflora*, nur aus den rötlichen, bereits angelegten Knospen sprießen. Davon sollte jedes Teilstück mindestens drei haben. Setzen Sie die Wurzeln nur so tief in die Erde, dass die Knospen gerade so mit Erde bedeckt sind. Sonst werden die Pflanzen blühfaul.

Für gute Fruchtqualität sorgen

Die Blütenbildung verhindern, ein einfacher Logenplatz oder nur gleichmäßige Bodenfeuchte – oft sind es Kleinigkeiten, die über die Fruchtqualität entscheiden.

Erdkontakt bei Kürbissen vermeiden

Wirsing nach einer Erdfloh-Attacke

KÜRBISSE BESCHNEIDEN

Schneiden Sie Kürbisstriebe über dem fünften oder sechsten Blatt ab. So bilden sich weniger, aber schmackhaftere Früchte. Kürbisse sind durstig und brauchen bei Trockenheit, vor allem auf Sandböden, rechtzeitig Wasser. Das machen Sie solange, bis die Kürbisse ihre endgültige Größe haben. Damit sie schön gleichmäßig wachsen und nicht faulen, kommen großfruchtige Kürbisse rechtzeitig und mit dem Stiel nach oben auf ein Brett, eine dicke Strohlage oder eine andere Unterlage.

ERDFLÖHE DURCHLÖCHERN BLÄTTER

Sind die Blätter von Radieschen, Salaten oder Kohlgemüse siebartig durchlöchert, waren mit ziemlicher Sicherheit Erdflöhe am Werk. Diese braun- bis blauschwarz glänzenden Käfer haben es auf junge Pflanzenteile abgesehen, lassen aber die Knollen und feste Salatköpfe in Ruhe. Der Schaden besteht neben dem optischen Manko in der Schwächung der Pflanzen, die krankheitsanfällig werden. Erdflöhe hüpfen bei Störung wild hin und her und sind besonders auf trockenen Böden aktiv. Schützen Sie die Kulturen von Anfang an mit Kulturschutznetzen (siehe auch Seite 43), gießen Sie immer ausreichend und lockern die Erde regelmäßig.

KARTOFFELN ERNTEN

Die Kartoffelernte geht im Juni mit den ersten Frühkartoffeln los und endet im Oktober mit den späten Sorten zum Einlagern. Etwa 3 Monate nach dem Pflanzen legen die Kartoffeln ihre natürliche Ruhephase ein und die oberirdischen Teile vertrocknen – das Startsignal zur Ernte. Ernten Sie mithilfe der Grabegabel. Die spießt zwar einige Knollen auf, Spaten oder Schaufeln würden unter den Knollen allerdings ein regelrechtes Massaker anrichten.

Erntefrische Kartoffeln

RISSIGE TOMATEN NACH BODENTROCKENHEIT

Tomatenblüten entfernen

CHECKLISTE

- **KÜRBISSE:** beschneiden und Früchten Unterlage geben
- **ACHTUNG,** Erdflöhe
- **KARTOFFELN** ernten, wenn ihr Laub welkt
- **PORREE** zweimal ernten
- **BLÜTEN** von Tomaten und Paprika ausknipsen
- **AUFPLATZENDE FRÜCHTE** durch gleichmäßige Bodenfeuchte verhindern

ZWEITE CHANCE FÜR PORREE

Wenn Sie bei der Porree-Ernte die Wurzeln vorsichtig freilegen und die Stangen 2 cm darüber abschneiden, treibt die Pflanze noch einmal neu aus und Sie können ein zweites Mal ernten, wenn auch kleinere Stangen.

TOMATEN – WENIGER IST MEHR

Auch wenn es einem schwerfallen mag, schneiden Sie ab August alle neu entstehenden Blüten von Tomaten und auch Paprika ab. Die sich daraus bildenden Früchte würden bis zum Herbst ohnehin nicht mehr reif und die Pflanze vergeudet viel zu viel Energie mit deren Entwicklung, die sie so lieber in die vorhandenen Früchte stecken kann.

ACHTUNG, PLATZENDE FRÜCHTE

Tomaten und Wurzelgemuse sollten immer in gleichmäßig feuchter Erde stehen, sie hassen schnelle Wechsel von Bodentrockenheit und Bewässern – das lässt die Früchte platzen. Eine Mulchdecke wirkt regulierend und hält die Erde bei Hitze länger feucht.

Reifeprüfung und Pflege

Reifes Steinobst hat seine sortentypische Farbe und recht weiches Fruchtfleisch, bei Kernobst finden Sie mithilfe simpler Tests schnell heraus, wann die Erntezeit beginnt. Außerdem stehen auch noch Pflegemaßnahmen an.

Von Milben befallene Beeren bleiben klein.

WINZIGE MILBEN – HARTE FRÜCHTCHEN

Sie sind zwar nur 0,2 mm groß, können den Brombeeren aber ganz schön zusetzen – Brombeergallmilben. Wenn sich die Spinnentierchen auf Ihren Brombeeren breitgemacht haben, bleiben die Früchte klein, reifen unregelmäßig und bleiben ganz oder teilweise rot. Außerdem bleiben sie hart und schmecken sauer. Kurzum, sie sind ungenießbar. Die Blätter können bei sehr starkem Befall gesprenkelt sein. Pflücken Sie befallene Früchte ab und schneiden Sie die Ruten zurück. Meiden Sie spät reifende Sorten, die besonders gerne befallen werden – waren die Pflanzen im Vorjahr befallen, spritzt man im Mai und Juni mit einem schwefelhaltigen, für Beerenobst zugelassem Fungizid, das als Nebenwirkung auch die Milben bekämpft –. Mit zunehmendem Alter der Brombeerpflanzen steigt oft der Befall. Im Winter muss dann zurückgeschnitten werden, denn die Tiere überwintern auf den Pflanzen.

Unreife Birnen haben noch helle Kerne.

ERNTEN ODER NICHT ERNTEN?

Sind sie nun reif oder nicht? Reife Äpfel und Birnen haben eine sortentypische Farbe und Größe, duften aromatisch und lösen sich bei Kipp-Probe sofort ab: Nehmen Sie die Frucht in die Hand und biegen Sie diese am Zweig um bis zu 90° hoch hin und her. Bei Pflückreife löst sich die Frucht vom Zweig ab. Bei reifen Bir-

Stütze bei reichem Fruchtbehang

Rhabarber

RHABARBER VERWÖHNEN

Auch wenn Rhabarber einen recht kurzen Auftritt im Jahr hat und die Erntezeit traditionell am 24. Juni endet, brauchen die großen Pflanzen im Sommer Pflege. Denn die Ernte der begehrten Stangen stresst die Stauden, schließlich verlieren sie dadurch ordentlich Blattmasse. Damit sich Rhabarber regenerieren und Kraft für die nächste Saison tanken kann, arbeiten Sie jetzt rings um die Stauden reifen Kompost in den Boden ein und wässern an trockenen Tagen ausgiebig, da die großblättrigen Pflanzen recht durstig sind.

CHECKLISTE

- **BROMBEERGALLMILBE:** Früchte abpflücken und befallene Triebe zurückschneiden
- **WIRKLICH REIF?** Erntereife bei Kernobst erkennen
- **ÜBERLADENE FRUCHTÄSTE** bei Obstbäumen stützen
- **KOMPOST** für Rhabarberstauden

nen haben sich die Kerne außerdem dunkel gefärbt, was bei Äpfeln nicht unbedingt ein Zeichen von Reife ist, da manche Sorten immer helle Kerne haben.

ZU VIEL DES GUTEN: STÜTZE FÜR OBSTBÄUME

Sie stehen dicht an dicht, werden immer größer – und schwerer: In manchen Jahren tragen Obstbäume so üppig, dass das Gewicht der reifenden Früchte ihre Zweige nach unten zieht. Da die meisten Früchte an waagerechten Ästen wachsen, sollten Sie diese vor allem bei jungen Bäumen rechtzeitig abstützen, bevor es zum endgültigen Bruch kommt. Geeignet sind lange Äste mit einer Astgabel als Abschluss, wie sie oft bei Haseln vorkommen. Man kann sich aber auch eine passende, T-förmige Stütze aus Kanthölzern oder Leisten selbst bauen.

Beetrose 'Kronjuwel'

SEPTEMBER
Gut gepflanzt, ist halb geerntet

Der Sommer geht zu Ende, aber im September legen sich die Spätsommerblüher noch voll ins Zeug und erste Herbstblumen liefern eine Blütenshow der Extraklasse. Es laufen aber auch schon erste Vorbereitungen für die nächste Saison.

DIE NÄCHSTE GARTENSAISON IMMER IM BLICK

September ist die ideale Pflanzzeit. Zwiebelblumen und Rosen kommen jetzt in den Boden. Die Zwiebeln immer mit der Spitze nach oben, bei Rosen muss man darauf achten, dass ihre Veredelungsstelle fingerbreit unter der Erde liegt. Im Gemüsegarten ist der Feldsalat ein leckeres Wintergemüse, das zudem den nackten Gartenboden schützt und uns einen feinkrümeligen Boden hinterlässt. Wie praktisch für uns und unsere Gartenarbeit im nächsten Jahr.

DER RASEN BEKOMMT NOCH EINMAL FUTTER

Herbstrasendünger wird oft als Geldmacherei abgetan, ist er aber nicht. Denn liegt der Rasen lange unter einer Schneedecke und bekommt zudem noch Kahlfröste zu spüren, hat er im nächsten Frühjahr Startschwierigkeiten. Ist er dann noch durch einen trockenen Sommer vorgeschädigt, erlebt man im Frühjahr sein blass-grünes, fleckiges Wunder. Gönnen Sie dem Rasen daher jetzt noch eine Portion Herbstrasendünger.

Richtig Zwiebeln & Rosen pflanzen

Die Pflanzzeit für Zwiebelblumen beginnt. Zuchtsorten mit großen Blüten zieren Beete und Rabatten, während sich Wildarten und Krokusse bestens zum Verwildern eignen.

Einfacher Nagerschutz für Blumenzwiebel

← NARZISSEN & CO.: AUS GROSSEN ZWIEBELN WACHSEN AUCH GRÖSSERE PFLANZEN – MEHR NÄHRSTOFFE, GRÖSSERE PFLANZEN.

FRÜHLINGS-ZWIEBELBLUMEN PFLANZEN

Zwiebelblumen, die im Frühling blühen sollen, müssen jetzt in die Erde. Pflanzzwiebeln müssen groß und fest sein. Kann man sie leicht eindrücken, haben sie einen Teil ihrer Nährstoffe verbraucht. Jeder Tag außerhalb der Erde schwächt die Zwiebeln, weshalb Sie möglichst rasch nach dem Kauf pflanzen sollten. Immer mit der Spitze nach oben, die Pflanztiefe entspricht der doppelten Zwiebelhöhe. Bei Lehm ist eine Drainage aus grobem Sand nötig. Damit die Zwiebeln nicht gefressen werden, kommen Tulpen & Co. gleich mäusesicher in Drahtkörbe, die man aus Volierendraht selber bauen kann.

Sand als Drainage

WILD GEWORDENE KROKUSSE

Wer Krokusse im Rasen verwildern lassen will, bohrt mehrere Pflanzlöcher dicht an dicht in den Rasen. Besonders schnell geht das mit einem Akkuschrauber und einem Küchenquirl, der erstaunlich erdgängig ist. In jedes Loch kommen ein Schuss Sand und je eine Zwiebel. Fegen Sie den Rasen anschließend mit einem Straßenbesen ab, dann verschließen sich die Löcher von selbst.

ROSEN PFLANZEN

Wer neue Rosen will, hat die Wahl zwischen Containerrosen und wurzelnackten, die direkt vom Feld kommen und weder Erde noch Laub haben. Die wurzelnackten Rosen kommen für ein paar Stunden in Wasser. Das Pflanzloch muss so tief sein, dass alle Wurzeln ohne Biegen hineinpassen, die Veredelungsstelle sollte gut 5 cm unter der Erde liegen. Wässern Sie gründlich, damit die Wurzeln Bodenschluss bekommen. Zum Schluss häufeln Sie die Rose

Vor dem Pflanzen gründlich tauchen

Bohrlöcher für Kompost

Ventilator als Trennungsmaschine

CHECKLISTE

- **FRÜHLINGS-ZWIEBELBLUMEN PFLANZEN:** richtige Pflanztiefe und -richtung
- **KROKUSSE** im Rasen verwildern lassen
- **ROSEN** mit Veredelungsstelle unter dem Boden einpflanzen
- **TIEFE KOMPOSTGABEN** für ältere Bäume
- **EIGENES SAATGUT:** Blütenreste von Samen trennen

zum Schutz vor Frost an. Containerrosen haben schon einen festen, gut durchwurzelten Wurzelballen. Aber: Die Veredelungsstelle ist manchmal über der Erde. In dem Fall setzen Sie die Rose etwas tiefer. Es macht nichts, wenn man dabei einige Blätter mit Erde bedeckt.

KOMPOST FÜR ALTE BÄUME

Kompost bekommt allen Pflanzen. Baume können mit einer Kompostauflage nur nicht viel anfangen. Bohren Sie unterhalb der Krone mehrere, 50 cm tiefe Löcher und füllen Sie diese mit reifem Kompost und Hornspänen. So wird der Boden auch in tieferen Schichten mit Humus angereichert und andere Pflanzen lassen die Nährstoffe in Ruhe, die sich der Baum dann im Frühjahr holt. Mit dieser Methode können Sie Bäume im Frühling auch mit Langzeitdünger versorgen.

SAMEN SAMMELN

Wer Saatgut erntet, kennt das Problem: Feine Körner lassen sich kaum von Blütenresten trennen. Ein Ventilator schafft Abhilfe. Lassen Sie das Pflanzenmaterial in den Windstoß fallen, die schweren Samen fallen kurz vor dem Ventilator runter, der Rest weht weg.

Reifeprozesse & Ernte-Recyling

Noch werden letzte Sommergemüse geerntet, aber es müssen auch schon künftige Ernten vorbereitet werden – mit der Anlage eines Komposthaufens. Und der ist keinesfalls eine Müllkippe, sondern produziert den wertvollsten Dauerhumus.

CHECKLISTE

- **GEGEN KOHLHERNIE** kalken und betroffene Pflanzen entfernen
- **RECYLING VON GARTENWERTSTOFFEN:** Kompost aufsetzen
- **BODENKUR:** Gründünger aussäen
- **ZARTES GEMÜSE:** Endivien bleichen
- **BEI TOMATENPFLANZEN** den Haupttrieb zum Ausreifen der verbleibenden Früchte kappen

Schadbild Kohlhernie

Kompostschichten

GEGEN KOHLHERNIE VORGEHEN

Sie kommt aus dem Boden und befällt Kohlrabi und andere Kreuzblütler: Kohlhernie ist eine lästige Pilzerkrankung und lässt die Pflanzen im schlimmsten Fall absterben, in jedem Fall aber schlecht wachsen. An den Wurzeln bilden sich typische, knotige Wucherungen. Die Erreger lieben dichte und saure Böden und können jahrelang überdauern, weshalb man die Beete erst nach 5 oder 6 Jahren wieder mit Kohl bepflanzen sollte. Bringen Sie zudem den pH-Wert durch Kalken auf Werte zwischen 7 (Sand) und 7,5 (Lehm). Außerdem regelmäßig die Erde lockern und befallene Pflanzen in jedem Fall entfernen und vernichten.

KOMPOST AUFSETZEN

Gartenabfälle drauf werfen und abwarten? Nicht ganz. Beim Kompost kommt es auf die schichtweise Mischung trockener und feuchter Zutaten an, damit die Rotte schnell in Gang kommt und den Unkrautsamen im Idealfall mit über 60 °C richtig einheizt. Schmeißt man die Zutaten wild auf einen Haufen, bleibt der Kompost kalt

Endivie zusammenbinden

TOMATEN-HAUPTTRIEB ABSCHNEIDEN

und die Samen intakt – der Kompost wird zum Unkrautverteiler! Ideal sind Thermokomposter, vor allem für kleine Gärten. Als Zutaten eignen sich Garten- und Küchenabfälle wie Laub, Staudenreste, Grasschnitt, Holzhäcksel, reine Holzasche oder Teebeutel. Geben Sie einem Komposthaufen Starthilfe in Form von einigen gut gefüllten Schaufeln mit reifem Kompost.

LETZTE TOMATENERNTE

Damit die letzten Tomaten noch ausreifen, schneiden Sie den Haupttrieb der Pflanze ab. Das beendet das Wachstum und die Pflanzen können sich voll auf die Versorgung der Früchte konzentrieren. Wird es nachts kälter als 10 °C, schneiden Sie die kompletten Fruchtrispen mitsamt einem Triebstück ab. An einem warmen, dunklen Platz im Haus stehen die Chancen gut, dass dann auch noch grüne Früchte nachreifen.

GRÜNDÜNGER FÜR DEN WINTER

Gründungungspflanzen wie Wicken oder Winterroggen – oder eine Mischung aus beiden – wirken auf abgeernteten Beeten wie eine winterliche Bodenkur – sie lockern die Erde, verhindern Erosion und reichern den Boden auch mit Nährstoffen und organischer Masse an, wenn man die Pflanzenreste im Frühjahr in den Boden einarbeitet. Schmetterlingsblüher (zu denen auch die Wicke zählt) holen sich sogar Stickstoff aus der Luft und düngen so den Boden für die Folgekultur auf.

ZARTE ENDIVIEN

Was bei Fenchel das Anhäufeln mit Erde bewirkt, erreicht man bei Endivien mit Bleichen – zarteres Gemüse. Zudem schmecken gebleichte, ältere Endiviensorten nicht so bitter. Binden Sie die äußeren Blätter eine Woche vor der Ernte zu einem Schopf zusammen, dann wird das Innere hell und zart. Aber nur bei trockenem Wetter, sonst droht Fäulnis.

Vorbereitungen auf den Winter

Damit leere Kräuterbeete nicht schutzlos in den Winter gehen, gibt es eine perfekte Winterbepflanzung, die den Boden lockert und ihn nicht nackt dastehen lässt – Feldsalat.

Feldsalat aussäen

CHECKLISTE

- **FELDSALAT AUSSÄEN:** lecker und idealer Bodenlockerer
- **WINTERHARTE KRÄUTER** verjüngen
- **EMPFINDLICHE KRÄUTER** eintopfen und überwintern
- **WINTERHARTE KRÄUTER** ins Beet pflanzen

FELDSALAT ALS BODEN-BODYGUARD

Er wächst dicht, schützt nackten Boden vor Regen, interlässt schön feinkrümelige Erde und man kann ihn sogar im Winter ernten – Feldsalat ist die perfekte Gründüngung für leere Kräuterbeete. Säen Sie die Pflanzen Ende September oder Anfang Oktober breitwürfig aus. Kahlfröste setzen Feldsalat allerdings zu, weshalb Sie ihn mit Fichtenreisig schützen sollten.

WINTERHARTE KRÄUTER TEILEN

Winterharte Kräuter wie Pfefferminze oder Liebstöckel lassen nach etwa 4 bis 5 Jahren deutlich in ihrem Ertrag nach. Um die Pflanzen wieder auf Vordermann zu bringen, graben Sie die Horste aus und zerschneiden den Wurzelballen in viele Teilstücke, die mindestens einen gesunden Trieb haben sollten. Wenn Sie die Teilstücke erneut einpflanzen, wachsen diese zu jungen und vitalen Pflanzen heran. Schneiden Sie die Triebe anschließend bodennah ab.

Thymian durch Absenker vermehren

Petersilie überwintern

BÄRLAUCH AUSSÄEN

Lecker und randvoll mit Vitaminen – Bärlauch ist nach wie vor im Trend. Wer die wüchsigen Zwiebelpflanzen im Garten ansiedeln möchte, kann sie im Frühjahr im Topf kaufen oder jetzt aussäen. Das ist billiger und man bekommt schneller einen dichten Bestand im Garten. Dort nimmt Bärlauch kaum einer Pflanze den Platz weg, denn er wächst an vernachlässigten Stellen im Schatten von Büschen und Bäumen. Bärlauch ist ein Kaltkeimer und geht nur nach längerer Kältephase auf. Die Samen werfen Sie gleich an Ort und Stelle aus, sollten den Platz aber mit Reisig vor Vögeln schützen.

WINTERHARTE KRÄUTER PFLANZEN

Die Empfindlichen kommen jetzt aus dem Beet, die winterharten Kräuter wie Schnittlauch, Estragon, Salbei und mit Laub als Winterschutz auch Thymian hinein. Wenn es nicht sehr viel kälter als -10 °C wird, ist ebenso Currykraut in Beeten mit lockerer, sandig-lehimger Erde winterfest. Ausläuferbildende Kräuter wie Thymian kann man mit Absenkern vermehren. Das geht fast ganzjährig. Wenn Sie die Triebe jetzt mit einen Stöckchen im Boden fixieren und mit Erde bedecken und die Pflanzen mit Laub schützen, sind die Triebe nach einem milden Winter im Frühjahr schon bewurzelt.

Der Frost kann frisch gepflanzte Kräuter hochdrücken. Kontrollieren Sie die Pflanzen daher bei frostfreiem Wetter und drücken Sie sie einfach wieder fest.

VOM BEET IN DEN TOPF

Viele Kräuter wie Basilikum, Dill, Petersilie oder Kerbel sind zwar zwei- oder mehrjährig, aber nicht zuverlässig winterhart. Graben Sie daher noch vor den ersten Frösten die Wurzelballen dieser Kräuter aus und topfen Sie die Pflanzen in Kübelerde. Stellen Sie Basilikum hell und warm auf und ernten ihn laufend weiter. Wenn die Bedingungen im Haus nicht optimal sind, werden die Pflanzen meist nach 3 Wochen braun und gehen ein. Ein Überwinterungsversuch lohnt sich aber auf jeden Fall. Petersilie, Majoran oder Rosmarin halten mehr aus und können geschützt an der Hauswand überwintern. Sie holt man nur bei sehr strengen Frösten ins Haus. Bei Petersilie können Sie auch nur die Wurzeln in feuchtem Sand im Keller einlagern. Entweder bis zum Frühjahr oder bis zur Ernte: Denn wenn man auch im Winter frische Petersilie ernten will, topft man einfach einige Wurzeln ein und stellt sie warm, damit sie austreiben.

Pflanzen-Umzüge

Die Tage werden kürzer und die Arbeiten im Obstgarten weniger. Große Rhabarberpflanzen und Erdbeerjungpflanzen dürfen in neue Beete umziehen.

Erdbeer-Kinder von der Mutterpflanze trennen …

… und in neuen Beeten in lockere Erde setzen

CHECKLISTE

- **ERDBEER-KINDER** in neue Beete umziehen
- **ABGEERNTETE BROMBEERRUTEN** als Winterschutz stehen lassen
- **ÄLTERE RHABARBERSTAUDEN** teilen, damit sie vital bleiben
- **VIELE BLÜTEN, WENIG FRÜCHTE:** für ausreichend Bestäuber im Garten sorgen

ERDBEER-KINDER TRENNEN

Trennen Sie jetzt die im Juli eingepflanzten Erdbeer-Kinder von den Mutterpflanzen (siehe auch Seite 91). Nun ist der Boden noch warm genug, um die Pflanzen noch vor dem Winter sicher anwachsen zu lassen. In dieser Zeit werden auch die Blüten für das nächste Jahr gebildet, sodass einer reichen Ernte nichts im Weg steht. Nehmen Sie die Tontöpfchen für das Umpflanzen mit den Erdbeer-Kindern aus dem Boden und setzen Sie die Jungpflanzen in ein Beet, in dem zuvor keine anderen Erdbeeren standen. Erdbeeren lieben frische, nahrhafte, aber auf jeden Fall lockere Erde. Erdbeerranken, die Sie nicht zur Vermehrung nutzen wollen, schneiden Sie kontinuierlich ab. So können sich die Pflanzen um ihr eigentliches Wachstum und die Früchte kümmern. Das gilt allerdings nicht für Kletter- oder Rankerdbeeren, bei diesen bleiben die Triebe erhalten. Jäten Sie jetzt außerdem noch zwischen den Mutterpflanzen, um diesen die lästige Konkurrenz durch Vogelmiere, Franzosenkraut & Co. zu nehmen.

ABGETRAGENE RUTEN ALS WINTERSCHUTZ

Die meisten wollen abgetragene Brombeerruten am liebsten sofort abschneiden. Das ist im Grunde auch korrekt, aber

Äpfel brauchen Befruchtersorten.

MIT SICHERHEIT ERNTEN

Vermeiden Sie Unfälle bei der Obsternte und stellen Sie die Leiter mindestens in einem Winkel von etwa 70° auf. So steht sie stabil und Sie können nicht nach hinten umkippen. Aufgesteckte Erdspieße an den Leiterfüßen sorgen für einen zusätzlichen Halt auf weichem Boden. Denselben Effekt haben Leitern mit extra breitem Standfuß.

nicht sofort. Denn die alten und für die Fruchtbildung nutzlosen Ruten sind im Winter ein guter Sonnenschirm für die jungen Ruten. Deren grüne und noch relativ dünne Rinde kann bei sonnigem Winterwetter einreißen und die Triebe nehmen Schaden. Schneiden Sie die alten Ruten im Frühjahr vor dem Austrieb ab. Waren die Brombeeren von Gallmilben befallen, machen Sie das allerdings schon im Spätwinter.

ORTSWECHSEL BEI RHABARBER

Rhabarber sollten Sie alle 10 Jahre teilen, damit er vital bleibt. Sobald die Blätter welk werden, konzentrieren sich die Pflanzen auf ihr Wurzelwerk und bilden willig neue Haarwurzeln, sodass jedes Teilstück auf jeden Fall anwächst. Teilen Sie die Pflanzen mit einem Spaten, sodass jedes Stück noch mindestens vier Knospen hat. Am neuen Platz brauchen die Pflanzen mindestens 1 m² Platz, besser noch etwas mehr. Rhabarber liebt frischen, nährstoffreichen und humosen Boden im Halbschatten. Verbessern Sie den Boden mit Kompost und ca. 250 g Hornspänen pro Quadratmeter. Da die Rhabarberrnte für die Pflanzen generell stressig ist, sollten Sie die neu gepflanzten Stücke im ersten Jahr noch schonen.

UNZUFRIEDEN MIT DER ERNTE?

Fällt die Ernte trotz üppiger Blüte mager aus, kann das mehrere Ursachen haben: Viele Äpfel sind z. B. auf Befruchtersorten in der Umgebung angewiesen, ohne deren Pollen es kaum Früchte gibt. ‘Elstar’ braucht z. B. unter anderem den ‘Golden Delicious’. Wenn das der Grund für eine schlechte Ernte sein kann, können Sie nächstes Jahr zur Blütezeit auch einfach einen Strauß blühender Zweige der entsprechenden Sorten in einem Wassereimer unter den Baum stellen. Fragen Sie in der nächsten Baumschule nach solchen Zweigen. In nasskalten Jahren fliegen außerdem kaum Insekten zur Bestäubung, der üppige Fruchtansatz bleibt aus. Mit einem Insektenhotel holen Sie sich zusätzliche Befruchter in den Garten. Es kann aber auch die sogenannte Alternanz Schuld sein. Viele Obstbäume wie die Apfelsorten ‘Roter Boskoop’ oder ‘Gravensteiner’ unterliegen einem natürlichen Rhythmus: nach einem guten Obstjahr halten sich die Bäume im nächsten dann zurück.

Robuste Beerensorten

Diese Beeren für den Garten sind robust, pflegeleicht – und einfach nur lecker.

Brombeere Nessy® loch ness (s)
Große Früchte, die nicht gleich saften und süß-aromatisch sind. Die robusten, stachellosen Pflanzen wuchern nicht und tragen ab August. Dann auch die Seitentriebe junger Ruten auf 10 cm einkürzen.

Erdbeere Diamante (s)
Lecker, groß, glänzend und mit robustem Laub: Die Sorte kann man von Juni bis Oktober ernten. Brechen Sie die ersten Blüten nach der Pflanzung aus, dann entwickeln sich die Pflanzen kräftiger.

Erdbeere Mara des Bois (s)
Diese alte französische Erdbeersorte schmeckt sehr fruchtig mit einem frischen Walderdbeeraroma. Geerntet wird von Juni bis Oktober. Sehr pflegeleicht und kaum anfällig für Frucht- und Wurzelfäulen.

Erdbeere Parfum SchweizerHerz®
Die herzförmigen Beeren sind außen rot, innen weiß und haben ein Pfirsicharoma. Die Beeren werden Mitte Mai reif und können dann wochenlang geerntet werden.

Heidelbeere Blueroma®
Riesenfrüchte mit intensivem Aroma: Die Sorte macht ihrem Namen alle Ehre und ist als Pflanze sehr anpassungsfähig. Die Moorbeetpflanzen brauchen saure Erde. Die Ernte beginnt ab August.

Herbsthimbeere Primeberry® Autumn First®
Resistent gegen Rutenkrankheiten, keine Würmer: Diese Züchtung ist eine verbesserte Sorte von 'Autumn Bliss' und wird ab Anfang August geerntet.

Herbsthimbeere Primeberry® Malling Passion®
Die Beeren vereinen das Beste der amerikanischen 'Black Juwel' und der roten Gartenhimbeeren: Doppelt so groß wie 'Black Juwel', aber mit vollem Aroma.

Himbeere Alpengold(s)
Ernte ohne zerkratzte Hände: Die Sorte 'Alpengold'(s) ist eine stachellose Herbsthimbeere mit leuchtend orange- bis aprikotfarbenen Früchten. Die Erntezeit geht von Mitte August bis zum ersten Frost.

Johannisbeere Rosalinn
Perfekt zum Naschen: Die Sorte 'Rosalinn' hat große Beeren und einen angenehm milden, süßen Geschmack. Die Sträucher wachsen langsam und gehen eher in die Breite. Da kommen auch Kinder gut dran!

Johannisbeere Cassissima® Nimue®
Eine kompakte, mehltauresistente Sorte, die sich mit 60 bis 80 cm Höhe auch für kleine Gärten eignet. Die Beeren reifen im Juni und enthalten ein Cassisaroma.

Stachelbeere Hinnonmäki gelb
Die Pflanzen lieben durchlässige Böden und sind mehltauresistent. Im Juli tragen sie mittelgroße Früchte mit glatter Schale und einem fruchtig-süßen Geschmack.

Erdkröte zwischen Herbstlaub

OKTOBER
Kunterbunte Blätter im Beet willkommen

Laubbesen, Schubkarre und Gartensäcke sind im Oktober unentbehrlich, wenn das Herbstlaub nach der ersten kalten Nacht nur so von den Bäumen rieselt. Lästig, finden viele Gartenbesitzer, dabei ist das Laub durchaus auch nützlich.

FARBENFROHER WINTERSCHUTZ

In Stauden- und Gemüsebeeten ist Herbstlaub willkommen und kann gleich liegen bleiben. Es sorgt dafür, dass der Boden nicht so schnell durchfriert und schützt so die unterirdischen Pflanzenteile. Laubbläser sind laut, pusten aber große Laubberge in kurzer Zeit schnell unter die Büsche. Laubsauger sollten lieber im Schuppen bleiben, sie haben ein Häckselwerk, das nicht zwischen Laub und kleinen Tieren unterscheidet, die sich darin verstecken. Herbstlaub lässt sich auch in provisorischen Kompostern aus Maschendraht sammeln und kompostieren. Im Sommer haben Sie dann salzarmen Humus.

AB INS WINTERQUARTIER

Lichtmangel, Platzmangel und zu warm – im Winterquartier ist es für Kübelpflanzen stressig, weshalb sie dort nur möglichst kurz stehen sollten. Außer Dahlien, die dort mit ihren ausgegrabenen Knollen gut gelagert sind. Mediterrane Pflanzen vertragen Temperaturen um 0 °C problemlos, robuste wie Oleander oder Olivenbäumchen stecken bis -4 °C gut weg und können daher lange draußen bleiben.

Wintervorbereitungen

Beim Auto geht's schnell: Frostschutz auffüllen und der Motor ist geschützt. Der Garten wird mit diesen Tipps winterfest. Vergessen Sie nicht, den Außenwasserhahn zeitig abzudrehen und Pflanzkübel ins Winterquartier zu stellen.

Wintermäntel aus Fichtenreisig

FROSTSCHUTZ FÜR BEETE

Lassen Sie Herbstlaub einfach zwischen Beetstauden und unter Büschen liegen, das ist guter Winterschutz – und spart Arbeit. Bis zum Frühjahr ist es oft verrottet. Damit der Wind das Laub nicht wegpustet, bedecken Sie es mit etwas Kompost. Immergrünen Pflanzen wie Thymian oder Lavendel macht weniger der Frost zu schaffen, sondern die Sonne – die Pflanzen vertrocknen. Verpassen Sie

Herbstlaub einfach wegmähen

ihnen einen Sonnenschirm aus Fichtenreisig. Damit schützen Sie auch Hornveilchen und andere Winterblüher vor Kahlfrost. Bei Beetrosen ist die Veredelungsstelle der Schwachpunkt. Sie ist zwar unter der Erde, aber nicht frostsicher. Häufeln Sie erstmals mit Rindenmulch an oder legen Fichtenreisig aus (siehe auch Seite 7).

STAUDEN STEHEN LASSEN

Schneiden Sie Stauden im Frühjahr. Die Triebe werden zwar im Winter vom Wind umgeweht oder vom Schnee platt gedrückt, bilden aber eine gute Schutzdecke. Ausnahmen sind Taglilien, Astern, Storchschnabel oder Frauenmantel, deren weiche Blätter leicht faulen. Man schneidet sie jetzt zwei Hand breit über dem Boden ab.

WEG MIT DEM HERBSTLAUB

Leise rieselt das Laub ... auf Beete, den Rasen und Wege. Im Beet ist Laub als Schutz willkommen – außer im Steingar-

Teichnetze straff ziehen

Dahlien bodennah abschneiden

DAHLIEN ÜBERWINTERN

Spätestens nach der ersten Frostnacht ist es so weit, die Dahlienknollen müssen ins Winterquartier. Graben Sie die Pflanzen vorsichtig mit der Grabegabel aus, kürzen Sie die Stiele auf 10 cm ein und schütteln die Erde ab. Stapeln Sie die Knollen locker in luftigen Kisten und bedecken sie mit Zeitungspapier, damit nichts austrocknet. Wer sein Dahlienbeet kunterbunt bepflanzt hat, die Sorten aber nach Farben sortiert überwintern will, sollte die Pflanzen zeitig markieren. Nach dem Frost erkennt man keine Farben mehr – alle Blüten sind einheitlich braun.

CHECKLISTE

- **BEETE** vor Frost schützen
- **STAUDENTRIEBE** nicht zurückschneiden, sondern als Winterschutz stehen lassen
- **HERBSTLAUB** von Wegen, aus dem Steingarten und vom Rasen entfernen
- **TEICHNETZ** gegen Laubeinfall spannen
- **DAHLIEN** frostfrei überwintern

ten, da Polsterstauden darunter nicht abtrocknen. Auf Wegen wird nasses Laub zur Rutschgefahr – also weg damit. Rasen bekommt unter nassem Laub kaum Luft, aber Pilze – also weg damit. Statt es aber mühsam aufzuharken, mähen Sie es einfach weg. Der Mäher pustet einen Mix aus Gras und Laubschnipseln in den Fangkorb, der sich gut kompostieren lässt. Eichenlaub enthält viel Gerbsäure und verrottet kaum, es ist aber perfekter Mulch für Rhododendren.

TEICHE SCHÜTZEN

Verrottendes Laub verbraucht Sauerstoff und bildet Faulgase, die überwinternden Teichtieren gefährlich werden. Daher darf Laub gar nicht erst lange im Wasser bleiben: Schneiden Sie Seerosenblätter ab und spannen ein Netz über den Teich, sobald das erste Laub von den Bäumen rieselt. Sind die Bäume kahl, nehmen Sie das Netz wieder ab. Warten Sie damit nicht bis zum Frühjahr, denn das Laub beschwert das Netz und die Blätter sind trotzdem im Wasser.

Nach der Ernte ist vor der Ernte

Im Gemüse- und auch Kräutergarten stehen letzte Ernten und Pflegearbeiten an. Der mediterrane Rosmarin braucht bei tiefen Temperaturen ein warmes Winterkleid.

Reife Meerrettichwurzeln

Grünkohl ist frostfest.

MEERRETTICH IM ZAUM HALTEN

Lecker, einfach zu kultivieren, aber sehr ausbreitungsfreudig: Meerrettich. Nicht umsonst gilt das Wurzelgemüse als Zeigerpflanze für ehemalige Nutzgärten, auch nach Jahren ist er noch dort, wo einst Gemüsebeete waren. Daher setzt man die Pflanzen gleich in Kübel oder in Maurerkübel ohne Boden. Meerrettich schmeckt von einjährig gezogenen Pflanzen am besten. Sobald die Blätter vertrocknet sind, gräbt man ihn zur Ernte aus. Dicke Wurzeln kommen in die Küche, dünne Seitenwurzeln, die sogenannten Fechser, für die Ernte im nächsten Jahr wieder zurück in die Erde.

WINTERGEMÜSE ERNTEN

Mit Rosenkohl, Grünkohl, Porree, Winterportulak und Löffelkraut haben Sie bis in

Rosmarin mit Laubmantel

SCHNECKENGELEGE BESTEHEN AUS ZAHLREICHEN EIERN.

SCHNECKENEIER VERNICHTEN

Wer sich schon mal über kleine, weißliche Kügelchen im Kompost, unter Töpfen oder Holz gewundert hat – es sind Schneckeneier, aus denen die Plagegeister des nächsten Jahres schlüpfen. Daher lohnt es sich, gezielt danach Ausschau zu halten und die Eier mit kochendem Wasser zu übergießen oder sie einfach freizulegen, damit sie in der Sonne vertrocknen oder von Vögeln gefressen werden.

CHECKLISTE

- **AUSBREITUNGSFREUDIGEM MEERRETTICH** eine Platzbegrenzung geben
- **NUR DIE HARTEN STEHEN IM GARTEN:** Manche Wintergemüse brauchen schon jetzt auch mal Schutz
- **REIFE KÜRBISSE** durch Klopfprobe erkennen
- **ROSMARIN** bei schwerem Frost gut einpacken
- **SCHNECKENEIER** mit Hitze loswerden oder Vögeln anbieten

den Januar hinein frische Vitamine im Beet. Wintergemüse ist frostfest, bei strengen Frösten kann bei Schwarzwurzeln, Porree und Pastinaken aber dennoch schon jetzt ein Schutzmantel aus Laub oder ein Vlies sinnvoll sein – so friert der Boden nicht so leicht und Sie können besser ernten.

KÜRBISSE – BITTE ANKLOPFEN

Reife Kürbisse erkennt man an der sortentypischen Farbe und an trockenen, verholzenden Stielen. Letzte Gewissheit bringt allerdings der Klopftest: Klopft man gehen den Kürbis und schallt es dumpf und hohl zurück, ist er reif.

ROSMARIN SCHÜTZEN

Beet-Rosmarin hat im Winter zwei Probleme: Er ist immergrün und verträgt als mediterrane Pflanze nur Frost bis etwa -10 °C, wobei den Pflanzen nasser Boden mindestens genauso zu schaffen macht. Die Pflanzen brauchen lockere Erde und gehen mit einem Mantel aus Laub in den Winter. Da das Kraut auch im Winter Wasser verdunstet, sollten Sie Rosmarin an frostfreien Tagen wässern. Zusätzlich zum Laub bekommt Rosmarin eine Haube aus Vlies gegen die Wintersonne.

Späte Früchte und Aufräumarbeiten

Noch ein paar Pflegearbeiten, letztes Obst ernten und den Garten aufräumen, dann kann allmählich der Winter in den Garten einziehen.

LUST AUF SPALIEROBST – DANN LOS

Im Herbst gibt es Obstbäume als preiswerte wurzelnackte Ware. Wer wenig Platz hat kann Äpfel oder auch Birnen am Spalier ziehen. Sie sind zum Ernten ganz leicht zu erreichen und begrünen Mauern, die sogar noch die Sonnenwärme speichern und sie nachts wie eine Art Heizung wieder an die Pflanzen abgeben – das gleicht raue Lagen ein wenig aus. Spalierobst braucht etwas mehr Pflege als ein frei stehender Baum und muss regelmäßig im Sommer geschnitten werden, da viel mehr Triebe wachsen als zur Fruchtbildung überhaupt nötig sind. Ansonsten funktioniert die Pflanzung genauso wie bei einem frei stehenden Obstbaum (siehe auch Seite 46).

GROSSREINEMACHEN UNTERM OBSTBAUM

Ob Äpfel, Birnen oder andere Früchte – faulendes Obst sollte nicht allzu lange liegen bleiben, da es ein wahres Paradies für Bakterien oder Schadpilze wie die Kragenfäule darstellt. Und es lockt Feld- und Wühlmäuse an! Außerdem überwintern viele Schädlinge wie Wickler im Fallobst – der Befall im nächsten Jahr ist vorprogrammiert. Harken Sie die Früchte zusammen und werfen Sie alle auf den Kompost. Unbeschädigtes Fallobst können Sie natürlich auflesen, ganz normal in der Küche verwenden und essen, entsaften, für Marmeladen nutzen oder auch leckeren Fruchtwein daraus herstellen. Entfernen Sie auch das Fall-

Platzsparender Spalierbaum

CHECKLISTE

- **SPALIEROBST PFLANZEN:** Ernte auf kleinem Raum
- **FALLOBST ENTFERNEN** und auf dem Kompost entsorgen
- **LANGE ERNTEZEIT:** Kiwis bis zum Frost pflücken

Fallobst: Eldorado für Pilze und Schädlinge

Mini-Kiwi 'Weiki'

laub, das ebenfalls viele Schädlinge und Pilzsporen zur Überwinterung nutzen.

KIWIS SIND IMMER SPÄT DRAN

Kiwis sind bei uns an geschützten Stellen durchaus winterhart, vor allem wenn die Art *Actinidia arguta* (Mini-Kiwi) eingekreuzt ist. Die rankenden Pflanzen lassen sich mit dem Ausreifen ihrer Früchte aber sehr lange Zeit. Eine Ernte im Oktober oder gar November ist durchaus normal, vor allem, wenn man die großfruchtigen Sorten wie 'Hayward' gepflanzt hat. Erst der Frost beendet die Erntezeit. Sobald man die Früchte mit den Fingern leicht eindrücken kann, sie aber keine Druckstellen bekommen, beginnt die Ernte. Reife Mini-Kiwis sind aromatisch und richtig lecker, man sollte sie aber bald essen, denn sie halten sich nicht lange. Wer Mini-Kiwis eine Zeit lagern will, sollte sie kurz vor der eigentlichen Reife ernten, wenn das Fruchtfleisch ein wenig weicher als Kartoffeln ist. Diese Früchte können Sie anschließend bei Temperaturen von knapp über 10 °C ungefähr 3 bis 4 Wochen lagern. Wenn Sie einige der Kiwis essen möchten, legen Sie diese vorher ins Warme, wo sie innerhalb weniger Tage nachreifen und weich werden.

Rosmarin mit Winterschutz

NOVEMBER
Alles klar, der Winter kann kommen

Aufräumen, einräumen, wegräumen – im November geht's ans Großreinemachen und Pflanzen werden mit Reisig verpackt. Aber ob Fichten- oder Tannenzweige, das ist ein großer Unterschied.

WÄHLEN SIE WINTERSCHUTZ MIT VERFALLSDATUM

Gräser, Rosen oder Immergrüne im Beet: Als Verdunstungs- und Frostschutz haben sich Fichtenzweige bewährt, da diese ihre Nadeln nach Wochen im Freien irgendwann abwerfen – meistens passend zum Frühjahr, wenn es wärmer wird. Denn dann brauchen die abgedeckten Pflanzen Luft und Licht und sie können sich akklimatisieren. Tannen haben dagegen zwar recht weiche Nadeln, halten diese aber so fest, dass es den Pflanzen darunter mit den steigenden Temperaturen zu warm wird.

GERÄTE GUT VERSTAUEN

Gartenhelfer, die wie Schläuche, Gießkannen oder Regentonnen Wasser enthalten, müssen entleert werden und frostsicher lagern, Gießkannen am besten liegend im Schuppen, Schläuche aufgewickelt an Wandhaken. Damit Rasenmäher oder Kettensägen im Frühjahr gleich wieder anspringen, sollten Sie den Tank leeren. Reste darin verlieren ihre Zündfähigkeit. Lassen Sie die Geräte einfach so lange laufen, bis sie ausgehen.

Letzte Arbeiten im Herbst

Schneiden, Putzen und Aufräumen: Bevor der Winter richtig Einzug hält, sind noch einige Arbeiten im Ziergarten zu erledigen.

Thujen nie verjüngen

Häcksel sind kompostierbar.

HOLZHÄCKSEL SIND EIN PERFEKTER, WEICHER BELAG FÜR ALLE SCHMALEN GARTENWEGE.

SCHNITTGUT RECYCELN
Ruckzuck abgeschnitten – und dann? Beim Gehölzschnitt fällt bergeweise Schnittgut an, das man entweder zum Kompostwerk bringt oder es häckselt. Das ist aufwändiger, man bekommt aber einen

LAUBHECKEN VERJÜNGEN
Dicke Äste, weit ausladend und voller wild wuchernder Triebe – aber dennoch nicht wirklich blickdicht! Mit dem rabiatesten Rückschnitt von allen bringen Sie überalterte, schlecht oder gar nicht geschnittene Hecken wieder auf Trab und können dann die Neuaustriebe in Form bringen. Verjüngen Sie aber nicht die ganze Hecke auf einmal, sonst verzichten Sie ein Jahr lang komplett auf Sichtschutz. Schneiden Sie lieber erst an einer Flanke alle Seitenäste bis auf kleine Stummel mit ein paar Seitentrieben zurück, und im nächsten Jahr die andere Seite. Laubgehölze stecken einen Verjüngungsschnitt gut weg, Thujen und andere Nadelgehölze treiben dagegen aus dem Holz nicht mehr aus. Die einzige schnittverträgliche Ausnahme sind Eiben.

CHECKLISTE

- **LAUBHECKEN** brauchen Schnitt, Nadelhecken mögen ihn nicht
- **HÄCKSELGUT** im Garten recyclen
- **SOMMERGRÜNE STRÄUCHER** jetzt schneiden
- **HAUSPUTZ FÜR NÜTZLINGE:** Nistkästen gründlich reinigen

VERBRENNEN SIE DIE ALTEN VOGELNESTER AM BESTEN ODER ENTSORGEN SIE DIESE IM HAUSMÜLL – SIE STECKEN VOLLER UNGEZIEFER.

Dicke Äste erst von unten einsägen

Nester mit einem Messer herausholen

HAUSPUTZ BEI FINK & MEISE

Entfernen Sie alte Nester aus Nistkästen und putzen Sie das Vogelheim einmal gründlich durch, damit die Vögel im Frühjahr besenreine Wohnungen beziehen können. Im Winter nutzen sie die Kästen in frostigen Nächten zudem gerne als Schlafplatz. Kratzen Sie das alte Nest heraus und entsorgen Sie es. Anschließend fegen Sie die Vogelwohnung mit einer harten Bürste durch und spülen sie zum Schluss mit kochendem Wasser, damit Milben samt Eier endgültig verbannt werden. Desinfektionsmittel sind tabu, ein Nistkasten muss nicht klinisch rein sein.

kostenlosen, festgestampften Belag für schmale Gartenwege und Mulchmaterial unter Sträuchern. Für Stauden sind die frischen Häcksel nichts, es sei denn, man streut vor dem Mulchen noch Hornspäne aus, da frische Häcksel wie auch Stroh zunächst Stickstoff bindet. Häckselgut ist auch komposttauglich und lässt sich in Säcken bis zum nächsten Jahr aufheben. Dann ist es die perfekte Zutat für feuchten Rasenschnitt, der in Reinform beim Kompostieren schnell vernässt und fault.

SOMMERGRÜNE STRÄUCHER SCHNEIDEN

Ab November beginnt die Schnittzeit für Ziersträucher. Schneiden Sie nicht wild drauf los, sondern überlegen Sie sich, was der Schnitt bewirken soll – und ob er überhaupt nötig ist. So ein bisschen hier und mal da rumschnippeln stresst die Pflanzen mehr als ein beherzter Schnitt. Alles, was nach innen wächst, sich überkreuzt, dick mit Moos bewachsen oder ganz abgestorben ist, kommt weg. Ein Rückschnitt hat einen ebenso starken Austrieb zur Folge, weshalb man durch Schneiden auf Dauer auch keine Gehölze klein halten kann. Ersetzen Sie große Gehölze lieber durch kleine Sorten, das bringt auf Dauer mehr. Wichtig: Frühjahrsblüher werden erst nach der Blüte geschnitten, mit einem Winterschnitt raubt man ihnen die Blütenpracht.

Den Boden gut machen

Jetzt ist Schonzeit für den Boden angesagt. Auch wenn es das Bodenleben auf den Kopf stellt, bei Lehmboden ist Umgraben durchaus sinnvoll und lockert die Erde. Man überlässt einfach dem Frost die Feinarbeit.

Bis zum Frühjahr unkrautfrei

Umgraben Reihe für Reihe

VERUNKRAUTETE BEETE ABDECKEN

Haben sich Unkräuter auf abgeernteten Beeten breitgemacht, verpassen Sie ihnen einfach einen lichtdichten Deckel aus Mulchfolie. Diese lässt zwar Wasser durch, ohne Licht sind Vogelmiere und andere gekeimte Unkräuter aber bis zum Frühjahr ausgehungert. Wichtig: Graben Sie den Boden im Frühjahr nicht mehr um, denn aus dem Boden kommen sonst wieder überdauernde Unkrautsamen ans Tageslicht und keimen – die ganze Mühe wäre umsonst. Denselben Effekt hat Pappe mit einer Schicht angerotteter Holzhäcksel als Windschutz darüber. Das sieht schöner aus, macht aber auch etwas mehr Arbeit. Allerdings kann man die Häcksel im Frühjahr einfach in den Boden einarbeiten.

TOPFKRÄUTER NICHT VERGESSEN

Rosmarin, Salbei oder Lavendel – viele im Kübel überwinternde Kräuter sind immergrün und brauchen im Winter mehr Wasser als Kräuter, die – wie Petersilie oder Schnittlauch – überwiegend als Wurzeln überwintern. Topfkräuter sollten Sie generell nicht in der Wohnung überwintern, dort ist es zu warm und meist auch zu dunkel. Die Pflanzen haben sogar in hellen Garagen bessere Überlebenschancen als in der trockenen und warmen Zimmer-

CHECKLISTE

- **VERUNKRAUTETE BEETE** lichtdicht abdecken
- **TOPFKRÄUTER** hell und kühl überwintern
- **ERNTERESTE** auf den Kompost, Kohl muss aber in die Biotonne
- **LEHMBÖDEN** zur Lockerung bei neuen Beeten umgraben

GERÄTE ZUM UMGRABEN

Bei guten Geräten sind Blatt und Schaft aus einem Stück geschmiedet, breite Fußrasten schonen Füße und Schuhe. Gute Spaten dringen mit scharfen Blättern in die Erde ein und durchtrennen kleine Wurzeln. Damenspaten bewegen mit kleinen Blättern weniger Erde – die Arbeit ist leichter. Grabegabeln sind bei Lehm ideal und lassen sich leichter in die Erde stechen als Spaten.

Spaten (li), Damenspaten (mi), Grabegabel (re)

BEI SPATEN UND GRABEGABELN REICHT DER STIEL IDEALERWEISE BIS ZUM ELLENBOGEN, EIN ZU KURZER STIEL ZWINGT EINEN IN UNBEQUEME BÜSSERHALTUNGEN, RÜCKENPROBLEME SIND VORPROGRAMMIERT.

luft. Ob dick eingepackt im Beet oder im Kübel im Gewächshaus – ganz frostfrei muss es im Winterquartier ja auch nicht sein, nur wenn es kälter als -10 °C wird, sollten Sie Kräuter zusätzlich schützen. Aber: Wenn es zwischendurch wärmer wird, müssen die wärmenden Mäntel aus Laub und Strohmatten wieder entfernt werden.

ERNTERESTE KOMPOSTIEREN

Machen Sie Klarschiff im Beet und entfernen Sie zum Schutz vor Kohlhernie die Strünke von Brokkoli und anderem Kohlgemüse (siehe auch Seite 104). Sie kommen in die Biotonne, die anderen groben Erntereste kompostieren Sie. Blattreste können Sie in den Boden einarbeiten, auch die Wurzeln von Bohnen oder Spinat bleiben im Beet. Sie sind Futter für Bodenlebewesen und sorgen nach dem Verrotten für feinkrümeligen Boden. Wer Spargel im Garten hat, schneidet Mitte November das Kraut ab. Da es den Spargelfliegen als Winterquartier dient, entsorgen Sie es in der Biotonne.

LEHMBÖDEN UMGRABEN

Für die Neuanlage von Beeten ist Umgraben unerlässlich, zur regelmäßigen Lockerung bestehender Flächen allerdings nur im Herbst und bei Lehm sinnvoll. Die groben Schollen bleiben einfach liegen, der Frost macht daraus bis zum Frühling feinkrümelige Erde – wenn Sie auch Kompost einarbeiten und ebenfalls über der Fläche verteilen, sonst sackt der im Winter vernässende Boden einfach wieder zusammen. Sandböden lockern Sie im Frühjahr mit dem Sauzahn.
Zum Umgraben sollte der Spaten eine scharfe Schneide haben, damit er leicht in den Boden rutscht: Heben Sie zunächst einen spatentiefen Graben aus und sammeln die Erde in der Schubkarre. Die Erde kommt nachher wieder in die letzte Reihe. Stechen Sie den Boden der nächsten Reihe ab und legen die Erde mit dem Spaten kopfüber auf die obere Kante des Grabens. Ein Teil der Erde kullert in den Graben, der andere Teil bleibt oben liegen. Sammeln Sie Wurzeln und Steine ab und gehen Reihe für Reihe vor, bis die ganze Fläche umgegraben ist. Wenn Sie Kompost, Mist oder Sand einarbeiten, füllen Sie damit den Graben jeder Reihe zu gut einem Drittel.

Der Obstgarten wird winterfest

Bevor der Winter Einzug hält, wird der Obstgarten noch frostfest gemacht, aber auch schon auf die nächste Saison vorbereitet. Mit dabei: Mulch und dicken Knospen.

CHECKLISTE

BIRNEN, QUITTEN UND NASHI: als Frostschutz die Baumscheiben mulchen

WEINREBEN an der Basis anhäufeln oder mit Fichtenreisig schützen

SCHWARZE JOHANNISBEER-STRÄUCHER auf Befall mit Johannisbeergallmilben kontrollieren

Mulch auf der Baumscheibe nicht zu dick verteilen

WINTERMANTEL FÜR BIRNEN, NASHIS UND QUITTEN

Birnen, aber auch Nashis und viele Edelsorten von Quitten, werden gerne auf schwachwüchsigen und robusten Quitten als Unterlage veredelt. Der einzige Nachteil ist eine gewisse Frostempfindlichkeit an exponierten Standorten oder in allgemein rauen Gegenden. Schützen Sie die Baumscheiben und damit die flachen Wurzeln der Bäume vor den ersten starken Frösten mit Mulch. Rindenmulch oder auch Grasschnitt ist optimal. Grasschnitt kostet nichts, fällt in großen Mengen an, und wenn Sie ihn höchstens 5 cm dick auf der Baumscheibe verteilen, pappt er in nassen Wintern auch nicht zusammen und verfault. Der einzige Nachteil: Mäuse lieben dicke Mulchschichten und ziehen nur allzu gerne in die winterwarme Umgebung ein. Wo erfahrungsgemäß viele Mäuse sind, sollten Sie keine groben Materialien mulchen und die Schicht nicht zu dick streuen. Denn es ist ja nicht ausgeschlossen, dass die Mäuse auch mal an der Baumrinde knabbern.

WEINREBEN AUF DEN WINTER VORBEREITEN

Damit es mit der Traubenernte auch im nächsten Jahr klappt, brauchen die

Reben brauchen Mulch als Winterschutz.

DIE JOHANNISBEERGALLMILBEN SIND KEINE GRAVIERENDEN, SONDERN ÜBERWIEGEND NUR LÄSTIGE SCHÄDLINGE.

Dicke Johannisbeerknospen per Hand ausbrechen

Reben jetzt etwas Aufmerksamkeit: Mulchen Sie den Boden generell mit Grasschnitt oder Rindenhäcksel. Das hält den Boden feucht und unterdrückt Unkraut. Da Weinreben wie Rosen veredelt werden, häufeln Sie die Pflanzen jetzt an ihrer Basis mit Erde an oder schützen sie mit Fichtenreisig. Denn die Veredelungsstelle ist genau wie bei Rosen empfindlich.

GESCHWOLLENE KNOSPEN BEI SCHWARZEN JOHANNISBEEREN

Im Winter lohnt sich ein Blick auf die unbelaubten Triebe der Schwarzen Johannisbeeren. Denn dicke, rund geschwollene Trieb- oder Blattknospen bei Schwarzen Johannisbeeren verraten den winzigen Schädling – die Johannisbeergallmilbe. Normalerweise sind die Knospen oval und relativ klein. Die befallenen Knospen sind dagegen so groß, dass sich darin nicht selten 30.000 oder gar 40.000 Schädlinge und deren Eier tummeln. Die bei ihrer Entwicklung sehr schnellen Tiere – immerhin sind sie oft schon nach 15 Tagen mit ihrem Entwicklungszyklus durch – lassen die Knospen im Frühjahr nicht austreiben, den Sträuchern fehlt Blattmasse und sie werden somit geschwächt. Sehr stark befallene Triebe schneiden Sie ab.

Frostschutzhaube für junge Erdbeeren

DEZEMBER
Gut geplant ist halb geerntet

Drinnen gibt's Spekulatius und Lebkuchen, draußen Sonnenblumenkerne und Meisenknödel. Im Dezember ist Genuss angesagt, Sie haben aber auch die Zeit, um Gemüsekulturen zu planen.

NEUE BEETE BRAUCHT DER GARTEN

Gemüsebeete sind gut 120 cm breit, um von beiden Seiten bis zur Mitte zu reichen. Besonders große oder kleine Gärtner ermitteln die für sie optimale Breite mit einer Trockenübung: Hocken Sie sich auf den Boden reichen mit den Händen so weit, wie es für Sie noch bequem ist. Dort machen Sie eine Markierung. Die Beetbreite entspricht dem doppelten Abstand von Ihrer Fußspitze bis zu der Markierung.

SCHÖN DER REIHE NACH

Planen Sie für jede Hauptkultur eine Vor- und Nachkultur, damit die Beete gut belegt sind und Krankheiten ausgebremst werden. Hauptkulturen haben wie Kartoffeln, Kohl oder Gurken eine lange Entwicklungszeit, während Vor- und Nachkulturen schnell reif werden. Dazu gehören etwa Radieschen, Kohlrabi oder Salate. Vor- und Hauptkulturen sollten immer unterschiedlichen Familien angehören und einen unterschiedlich hohen Nährstoffbedarf haben. Auf starkzehrenden Kohl folgt dann etwa schwachzehrender Salat.

Wärmeschutz für Immergrüne

Im Dezember gibt es im Ziergarten nicht viel zu tun, außer dem Frost beim Überzuckern des Gartens zuzuschauen – und einigen Pflegearbeiten.

CHECKLISTE

- **IMMERGRÜNE VOR AUSTROCKNUNG SCHÜTZEN:** mit Vlies abdecken und wässern
- **NACHHALTIGE WEIHNACHTSBÄUME** im Topf: gekonnte Wiedereingliederung im Garten
- **IMMERGRÜNE:** Buchs & Co. gut einpacken
- **WER IM FRÜHJAHR SCHÖNEN RASEN WILL** darf ihn jetzt bei Frost nicht betreten

DRAN DENKEN – IMMERGRÜNE AUCH WÄSSERN

Bambus und andere Immergrüne brauchen im Winter regelmäßig Wasser. Denn durch ihre Blätter verdunsten die Pflanzen auch an sonnigen Tagen Wasser, der gefrorene Boden kann aber nichts nachliefern. Im schlimmsten Fall vertrocknen die Pflanzen. Daher sollten Sie an frostfreien Tagen durchdringend wässern. Einzelne Pflanzen können Sie außerdem mit einem leichten Vlies bedecken, das die Verdunstung von vornherein herabsetzt. Verwöhnen Sie Rhododendren im Garten zusätzlich mit einer dicken Mulchdecke um ihren Wurzelbereich herum, damit die Erde dort möglichst lange die Feuchtigkeit behalten kann und nicht so schnell durchfriert (siehe auch Seite 7).

WEIHNACHTSBÄUME SCHONEN

Weihnachtsbäume im Topf werden immer beliebter, weil dafür kein Baum abgesägt wird. Die Tage im Haus sind allerdings sehr stressig und sollten auf ein Minimum beschränkt werden, denn die Zimmerwärme katapultiert die in Winterruhe befindlichen Bäume mit einem Schlag in den Hochsommer. Tannenbäume im Topf sollten bereits im Topf gewachsen sein und nicht erst kurz vor Weihnachten dort hineingezwängt worden sein. Nur im Topf groß gezogene und auch mehrfach umgepflanzte Bäume haben einen festen Wur-

Geschützter Platz im Karton

Laub schützt die Wurzeln

Frostigen Rasen nicht betreten

zelballen, überstehen die Strapazen im Haus einigermaßen gut – und lassen sich später im Garten ansiedeln. Die Überlebenschancen hängen stark vom Wetter ab, stellen Sie den Baum nach den Feiertagen geschützt ins Freie und wässern ihn regelmäßig.

WINTERSCHUTZ FÜR BUCHS & CO.

Immergrüne haben im Winter ein Problem: Der Boden friert nachts und taut tagsüber bei Sonneneinstrahlung wieder auf, bevor er in der nächsten Nacht wieder friert. Das ist purer Stress, denn durch den häufigen Temperaturwechsel reißen im Boden die feinen Wurzeln ab – eine Katastrophe für jede Pflanze, die in Pflanzkübeln besonders leiden. Packen Sie Buchs, Azaleen und andere daher in Strohmatten oder umwickeln die Kübel – und nur die Kübel – mit Noppenfolie. Beetpflanzen bekommen ein Stützkorsett aus Draht, das Sie mit einem Gemisch aus Laub und kleinen Zweigen auffüllen.

BEI FROST GILT: RASEN BETRETEN VERBOTEN!

Ob auf dem Weg zum Kompost oder zum Futterhaus: Wer Wert auf dichten, schönen Zierrasen legt, sollte ihn bei Frost nicht betreten. Die wasserreichen und damit gefrorenen Halme knicken um oder brechen wie Glas, sodass Pilze leichtes Spiel haben. In jedem Fall bleibt das Betreten nicht spurlos, zunächst sieht man in den Trittspuren dunkelgrüne, irgendwie matschige Stellen und im Frühling dann gelbe Fußabdrücke auf dem Rasen. Auch bei einer dünnen Schneedecke leidet Rasen, wenn man darauf herumtrampelt und dem Schnee so die isolierende Wirkung nimmt.

Bunte Winter-blüher

Farbe in der kalten Jahreszeit – diese Pflanzen trotzen Eis und Schnee und blühen auch im Winter.

Alpenveilchen
Cyclamen coum
Die Zimmerblumen? Nein, denn diese Cyclamen haben mit den Vorfrühlingsalpenveilchen frostharte Verwandte, die im Herbst und von Februar bis April blühen.

Christrose
Helleborus niger
Die weißen Blüten erscheinen um Weihnachten. Die Stauden lieben Schatten und Halbschatten, Frostperioden überstehen sie, indem sie in sich zusammenfallen.

Lenzrosen
Helleborus orientalis
Blüte von Februar bis April: Lenzrosen sehen wie farbenfrohe Christrosen aus, sind aber eine eigene Art. Ihre rötlichen Blüten neigen sich leicht nach unten.

Winterling
Eranthis hyemalis
Die Zwiebelblumen wachsen überall, wo die Erde locker, humusreich und im Sommer schattig ist – etwa unter Laub abwerfenden Gehölzen. Pflege ist nicht nötig.

Winterkirsche
***Prunus subhirtella* 'Autumnalis'**
Je nach Wetter geht's ab November mit den ersten Blüten los. Die Hauptblüte geht dann von Januar bis in den Mai.

Schneeglöckchen
Galanthus nivalis

Typischen Frühlingsboten, die schon bei abtauendem Schnee erscheinen und sich überall wohlfühlen, wo es sonnig und der Boden locker und humusreich ist.

Wintermahonie
***Mahonia* x *media* 'Winter Sun'**

Die Wintermahonie mag es gerne schattig oder halbschattig. Die bis 2 m hohen Pflanzen blühen zwischen Januar und März mit überneigenden Blütentrauben.

Winterjasmin
Jasminum nudiflorum

Leuchtende Blüten von Dezember bis Februar: Winterjasmin ist eine bis 3 m hohe Rankpflanze, blüht an jungen Trieben und braucht nach der Blüte einen Rückschnitt.

Schneeheide
Erica carnea

Immergrüne Zwergsträucher, die oft den ganzen Winter blühen und sich im Garten als Bodendecker eignen, aber auch gerne in Balkonkästen gepflanzt werden.

Winterschneeball
Viburnum* x *bodnantense

Auch wenn er eigentlich erst im Februar blüht, erscheinen die angenehm duftenden Blüten oft im November. Die Sträucher lieben Sonne und Halbschatten.

Zaubernuss
***Hamamelis*-Arten**

Gelb, Orange oder Rot: Die Sträucher blühen von Januar bis März noch vor dem Laubaustrieb. Sie lieben Sonne und möchten am liebsten in Ruhe gelassen werden.

Winterschutz im Beet und Lager

Die Arbeiten im Nutzgarten beschränken sich auf die Kontrolle eingelagerter Früchte, den Winterschutz im Beet und natürlich die laufende Ernte von Wintergemüse.

CHECKLISTE

- **ERDBEEREN** mit Stroh, Laub, Vlies oder Tontopf vor Kahlfrost schützen
- **BEI HERBSTHIMBEEREN** jetzt alle Ruten bodennah abschneiden
- **KARTOFFELN** dunkel, trocken und luftig einlagern
- **OPTIMALER LAGERRAUM FÜR OBST:** kühl, dunkel, feucht

Schutzhaube für Erdbeeren

Gutes Winterlager für Kartoffeln

ERDBEEREN BEI KAHLFROST SCHÜTZEN

Erdbeeren sind zwar an sich winterhart, wurzeln aber sehr flach im Boden und reagieren auf länger andauernde Frostperioden mit Stress. Schon mit wenigen Handgriffen erleichtern Sie den Pflanzen das Überwintern und sorgen dafür, dass die Ernte im nächsten Jahr auf jeden Fall reichlich ausfällt: Schützen Sie Erdbeerreihen vorbeugend mit Stroh oder Laub, auch das bewährte Gartenvlies kann hier zum Einsatz kommen – nur keine Folien. Darunter faulen die Pflanzen. Wer nur wenige Pflanzen hat, verpasst ihnen bei Starkfrösten einen umgedrehten Tontopf als Schutzhaube.

HERBSTHIMBEEREN BODENNAH ABSCHNEIDEN

Grundsätzlich unterscheidet man bei Himbeeren frühe und späte Sorten: Frühe Sorten tragen an Vorjahreszweigen und werden im Sommer geerntet. Bei den späten sitzen die Früchte an diesjährigen Zweigen und werden erst im Herbst geerntet. Der richtige Schnittzeitpunkt ist nach der Ernte, also im Juli/August bei Sommerhimbeeren und an milden Wintertagen bei Herbsthimbeeren. Bei Herbsthimbeeren fällt der Schnitt ruppiger aus, Sie können alle Ruten bodennah abschneiden (siehe auch Seite 88).

QUETSCHGEFAHR: KERNOBST UND ANDERE WEICHE FRÜCHTE IMMER NUR EINLAGIG LAGERN.

Zusatzlager im Topf

BODENLAGER FÜR OBST UND GEMÜSE

Keinen Platz mehr im Keller oder der Garage für lagerndes Obst und Gemüse? Wer einen ausgedienten großen, verschließbaren Topf hat, kann Rotkohl, Möhren und anderes robuste Gemüse darin mäusesicher aufbewahren. Einfach bis fast zum Rand im Garten eingraben und bei Frost mit Styropor, Laub und einer Strohmatte abdecken. Wichtig: Der Topf muss etwas aus der Erde ragen, auf dieser Höhe bohren Sie Luftlöcher in den Topf. Legen Sie drei flache Steine auf den Topfboden und ein passend zugesägtes Brett darauf, damit die Früchte nicht in Kondenswasser stehen müssen.

KARTOFFELN LAGERN

Dunkel bei 4 bis 8 °C, trocken und luftig: So sieht das ideale Kartoffellager aus, egal ob sie selbst geerntet oder gekauft sind. Kühle Kellerräume sind perfekt, wenn die Kartoffeln dort lose in luftigen Holzkisten liegen können. Plastikgefäße sind tabu, darin können die Knollen schimmeln. Ganz wichtig: Die Kartoffeln dürfen im Lager kein Licht bekommen, sonst werden sie grün und bilden giftiges Solanin. Hat der Kellerraum große Fenster, können Sie diese mit Alufolie abkleben.

OBSTLAGER REGELMÄSSIG KONTROLLIEREN

Eingelagerte Früchte sind monatelang haltbar. Nehmen Sie nur gesunde und makellose Früchte. Solche mit Druckstellen verbrauchen Sie am besten gleich. Ansonsten sind die Früchte an einem kühlen, dunklen und feuchten Ort bestens aufgehoben. Das können Kellerräume sein, aber auch Erdlöcher und sogar Lichtschächte. Damit Lager im Freien nicht zum Schlaraffenland für hungrige Mäuse werden, sollten Sie diese mit engmaschigem Draht schützen. Kohlpflanzen ernten Sie am besten mitsamt ihren Wurzeln und pflanzen sie in Kisten mit feuchtem Sand in den Keller. Kontrollieren Sie das Lager regelmäßig und sortieren Sie beschädigte Früchte aus.

NÜTZLICHE ADRESSEN

BODENUNTERSUCHUNG

DE
Staatliche Bodenuntersuchungs-institute
➡ www.vdlufa.de

AT
Höhere Bundeslehr- und Forschungs-anstalt für Gartenbau Schönbrunn (HBLFA) in Wien
➡ www.gartenbau.at

CH
UFAG Laboratorien AG in Sursee
➡ www.ufag-laboratorien.ch

PFLANZENSCHUTZ

Amtliche Pflanzenschutzberatung
➡ www.pflanzenschutzdienst.de

Agrofor Consulting
Wiesenstr. 36
35435 Wettenberg
Tel.: (06 41) 98 03 56
E-Mail: agrofor@t-online.de
www.agrofor.de

Laboratorium Lacher
Herr Lacher / Frau Voigt
Niedermattenstr. 3
79238 Ehrenkirchen
Tel.: (0 76 33) 98 22 34
E-Mail: michael.lacher@laboratorium-lacher.de
www.laboratorium-lacher.de

Labor für Boden- und Düngemittel-untersuchungen
Hagener Weg 27
89179 Beimerstetten
Tel.: (0 73 48) 64 08
E-Mail: kontakt@labor-duerr.de
www.labor-duerr.de

Analytik Institut Rietzler AIR GmbH
Schnorrstr. 5 a
90471 Nürnberg
Tel.: (09 11) 86 88-20
E-Mail: info@rietzler-analytik.de
www.rietzler-analytik.de

SAATGUT

Keimzeit Saatgut-Fachversand
Hainholzweg 3
21358 Mechtersen
Tel.: (0 41 78) 8 18 99 50
E-Mail: kontakt@keimzeit-saatgut.de
www.keimzeit-saatgut.de

Jelitto Staudensamen GmbH
Am Toggraben 3
29690 Schwarmstedt
Tel.: (0 50 71) 98 29-0
E-Mail: info@jelitto.com
www.jelitto.com

Gärtnerei Blu-Blumen GbR
www. shop.blu-blumen.de/pflanzensortiment
E-Mail: info@blu-schmeckt.de

Bingenheimer Saatgut AG
Kronstr. 24–26
61209 Echzell-Bingenheim
Tel.: (0 60 35) 18 99 - 0
E-Mail: info@bingenheimersaatgut.de
www.bingenheimersaatgut.de
➡ Spezialist für Biosaatgut

Gärtner Pötschke
Beuthener Str. 4
41564 Kaarst
Tel.: (0180 5) 86 11 00
E-Mail: info@poetschke.de
www.poetschke.de

Bruno Nebelung GmbH
www.nebelung.de
➡ Mit online-Shop

Biosem
Adrian & Susanne Jutzet-Jossi
Le Burkli 83
CH-2019 Chambrelien NE
Tel.: +41 (0) 3 28 55 14 86
E-Mail: biosem@biosem.ch
www.biosem.ch

ALTE SORTEN

Zier- und Nutzpflanzen-spezialitäten
Monika Gehlsen
Willi-Dolgner-Str. 17
06118 Halle an der Saale
Tel.: (03 45) 5 22 64 23
E-Mail: andreas_maschke@gmx.de
www.monika-gehlsen.de

Dreschflegel
In der Aue 31
37202 Witzenhausen
Tel.: (55 42) 50 27 44
E-Mail: info@dreschflegel-saatgut.de
www.dreschflegel-saatgut.de
➡ Mit online-Shop

Magic Garden Seeds
Andreas Fái-Pozsár
Regerstr. 3
93053 Regensburg
E-Mail: mailbox@magicgardenseeds.de
www.magicgardenseeds.de

GARTENGERÄTE

Manufactum GmbH & Co. KG
Hiberniastr. 5
45731 Waltrop
Tel.: (23 09) 93 90 60
E-Mail: info@manufactum.de
www.manufactum.de

Dictum
Shop München
Haager Str. 9, 2. Stock
81671 München
E-Mail:info@dictum.com
www.dictum.com

PFLANZEN

Bioland Baumschule & Obstgarten
Dr. Ute Hoffmann
Uepser Heide 1
27330 Asendorf
Tel.: (0 42 53) 80 06 22
E-Mail: ute.hoffmann@hoffmann-obstbaumschule.de
www.hoffmann-obstbaumschule.de

Bioland-Rosenschule Ruf
Zum Sauerbrunnen 35
61231 Bad Nauheim
Tel.: (0 60 32) 8 18 93
E-Mail: info@rosenschule-ruf.de
www.rosenschule-ruf.de

Syringa Duftpflanzen und Kräuter
Dipl. Biol. Bernd Dittrich
Bachstr. 7
78247 Hilzingen-Binningen
Tel.: (0 77 39) 14 52
E-Mail: info@syringa-pflanzen.de
www.syringa-pflanzen.de

Staudengärtnerei Gräfin von Zeppelin
Weinstr. 2
79295 Sulzburg-Laufen
Tel.: (0 76 34) 6 97 16
E-Mail: info@graefin-von-zeppelin.de
www.graefin-v-zeppelin.com

Staudengärtnerei Gaissmayer
Jungviehweide 3
89257 Illertissen
Tel.: (0 73 03) 72 58
E-Mail: info@gaissmayer.de
www.gaissmayer.de
➡ Spezialist für Stauden & Gräser. Zudem Farne, Blumenzwiebel, Biokräuter, Rosen, Gehölze, Saatgut

HÄBERLI Zentrum Direktverkauf
Stocken
CH-9315 Neukirch-Egnach
E-Mail: info@haeberli-beeren.ch
www.haeberli-beeren.ch

Lubera AG
Lagerstrasse
CH-9470 Buchs SG
E-Mail: info@lubera.com
www.lubera.com
➡ Mit online-Shop

DER AUTOR

Thomas Heß schreibt und fotografiert seit über 15 Jahren für Buchverlage, Magazine, Fachfirmen und Onlineportale zu den Themen Garten, Natur und Wohnen. Bei ihm treffen als Journalist, gelernter Gärtner und Gartenbauingenieur Fachkompetenz und Erfahrung auf langjährige Freude am Gärtnern, Handwerken und natürlich am Experimentieren. Ob Gartenteiche, Gemüsebeete, Rabatten, Rasen oder Pflanzenvermehrung – wächst nicht, gibt's nicht.
Als freier Redakteur schreibt und fotografiert er unter anderem für das DIY-Magazin „Selbst ist der Mann", die Taspo und diverse Onlineportale wie Mein schöner Garten.de. Alle Tipps haben sich im Gartenalltag bewährt und die Fotos entstehen direkt in der Praxis – da darf dann auch schon mal ein Fleckchen auf der Hose und Erde unter den Fingernägeln sein.

REGISTER

A

Abdecken, Wintergemüse 8
Absenker, Himbeeren 91
Ackerbohne 84
Alexandrinerklee 84
Algen 76
Alpenveilchen 132
Anhäufeln, Stangensellerie 81
Äpfel, Befruchtersorten 109
Apfelbäume auslichten 89
– pflanzen 46
Apfelblütenstecher 33
Apfelwickler 61, 90
Aufbinden, Brombeeren 32
Ausdünnen 71
Ausgeizen, Tomaten 69
Aussaat, Feldsalat 106
– ,Gründünger 105
– ,Kräuter 44
– ,Nützlingswiese 47
– ,Sommerblüher 22
– ,Sommerblumen 36

B

Balkon, Kartoffeln pflanzen 55
Bärlauch 45, 107
Basilikum 30
Bäume, Frost 126
– ,Kompost 103
– ,Unterpflanzung 95
Baumscheibe mulchen 32
Beerenobst mulchen 61
Beerensorten, robuste 110
Beete freiräumen 17
Befruchtersorten, Äpfel 109
Bienenfreund 84
Birnengitterrost 91
Blattkräuter 59
Blaukissen 38
Bleichen, Endivien 105
Bleiwurz, Chinesische 38
Blumenkohl, Sonnenschutz 82
Blumenzwiebeln markieren 66
– pflanzen 37
Blüten ausknipsen, Rhododendron 77
Blüten, essbare 87
Bohnenkraut 30
Borretsch 84
Brennnessel-Jauche 68, 81
Brokkoli ernten 82
Brombeeren aufbinden 32
– ,Rückschnitt 32
Brombeergallmilben 98
Brombeerruten, Vermehrung 108
Buchtenfraß 94

C

Chicorée 10
Christrose 132
Currykraut 30

D

Dahlien pflanzen 51
– überwintern 115
Deutzie, Rückschnitt 15
Dickmaulrüssler bekämpfen 94
Dill 30
Düngen, Gehölze 25
– ,Rasen 40
– ,Rhabarber 99
– ,Starkzehrer 80
– ,Stauden 36, 67
– ,Tulpen 23

E

Eigenes Saatgut 103
Endivien bleichen 105
Erdbeeren, Grauschimmel 61
– rasieren 88
– ,Stroh 46 f.
– ,Vermehrung 91, 108
Erdbeerkinder 90, 108
Ernte, Brokkoli 82
– ,Kartoffeln 96
– ,Kräuter 87
– ,Meerrettich 116
– ,Porree 97
– ,Radieschen 54
– ,Salat 54
– ,Wintergemüse 116
– ,Zucchini 82
Erziehung, Rosen 24
Essbare Blüten 87

F

Fallobst entfernen 118
Feldsalat 9 f.
– aussäen 106
Felsen-Steinkresse 39
Fichtenreisig 114
Frost, Bäume 126
– ,Rasen 131
Frostschutz Obstbäume 6
Früchte, platzende 97
Fruchtmumien 8 f.
Frühbeete lüften 9
– bepflanzen 27
Frühjahrsblüher schneiden 53
Frühkartoffeln vorkeimen 27

G

Gallmilben, Brombeere 98
Gartengeräte pflegen 14
Gartenmöbel pflegen 37
Gehölze düngen 25
– pflanzen 25
– schneiden 95
Gelbsenf 84
Gelbtafeln 61
Gemüse, Pflanztiefe 42
– ,Stütze 68
– ,Vlies 43
– vorziehen 16
Geräte, Umgraben 125
Gewächshaus 8
Gießen 58, 71, 78
Gießstäbe 57
Gräser, Winterschutz 7
Grauschimmel, Erdbeeren 61
Gründünger 80
– aussäen 105
– ,Pflanzen 84 f.
Grünkohl 10
Gurken, Rankhilfe 68

H

Hacken 79
Häckselgut 122
Haupttrieb Tomaten schneiden 105
Herbstlaub 114
Himbeeren, Absenker 91
– pflanzen 47
– schneiden 33, 88
– vermehren 91
Hochbeet 43

I

Immergrüne Schleifenblume 39
Immergrüne wässern 130
– Winterpflege 6, 131
Inkarnatklee 85
Jauche, Brennnessel- 68, 81
Johannisbeeren verjüngen 18
– pflanzen 33
Johannisbeergallmilbe 127

K
Kalkfarbe 6
Kartoffeln, Balkon 55
- ernten 96
- pflanzen 55
Keimprobe 16
Kirschfruchtfliege 61
Kiwi 119
Klettergemüse, Rankhilfe 54
Kletterpflanzen aufleiten 66
Kohlhernie 104
Kompost 80, 125
- alte Bäume 103
- aufsetzen 104
- ,Wasser 81
Kräuter aussäen 28, 44
- düngen 58
- ernten 87
- gießen 71
- pflanzen 29, 44, 107
- ,Pflanzenschutz 70
- ,Rückschnitt 29, 70
- schützen 29
- teilen 44, 106
- umtopfen 58
Krokusse verwildern 102
Kronenaufbau, Obstbäume 18
Kübelpflanzen auswintern 53
Kürbis, Klopfprobe 117
- ,Pflanzplatz 54
- Rückschnitt, Triebe 96

L
Lager kontrollieren 17
Laubhecken verjüngen 122
Lein, Französischer 38
Lenzrosen 132
Lockstofffallen 61
Lorbeer 30
Lüften, Frühbeet 9
Luftlöcher, Teich 24
Lupine 80, 85
Luzerne 85

M
Mähen, Rasen 41, 52
Majoran 31
Meerrettich ernten 116
Mehltau 53
- bekämpfen 77
Minihochbeet 45
Mini-Kiwi 119
Mischkultur 9
Möhrenfliege 71
Monilia 8
Moossteinbrech 38
Mulch 56, 72, 86, 126
Mulchen, Baumscheibe 32
Mulchfolie 57, 124

N
Nistkästen aufhängen 15
- säubern 123
Nützlingswiese aussäen 47

O
Obstbäume, Frostschutz 6
- pflanzen 46
- stützen 99
- wässern 60
Ohrenkneifer 81

P
Paprika pflanzen 54
Pastinake 10
Petersilie 31, 87
Pfingstrosen teilen 95
Pflanzung, Apfelbäume 46
- ,Blumenzwiebeln 37
- ,Dahlien 51
- ,Gehölze 25
- ,Himbeeren 47
- ,Kartoffeln 55
- ,Kräuter 29, 44, 107
- ,Obstbäume 46
- ,Paprika 54
- ,Rosen 102
- ,Sommerblumen 50
- ,Stauden 36
- ,Tomaten 54
- ,Wintergemüse 55
- ,Zwiebelblumen 102
Pflanzen-Jauchen 68
Pflanzenschutz, Kräuter 70
Pflanzplatz Kürbis 54
- ,Zucchini 54
Pflanztiefe Gemüse 42
Pflege, Gartengeräte 14
- ,Gartenmöbel 37
- ,Rasen 40
- ,Tomaten 69
- Teich 76
Phacelia 80, 84
Pinzieren 59
Platzende Früchte 97
Porree 8 ff.

R
Radieschen ernten 54
Rankhilfe Gurken 68
- ,Klettergemüse 54
Rasen ausbessern 40
- düngen 40
- ,Frost 131
- legen 41
- mähen 41, 52
- pflegen 40
- Roll- 41
- ,Schnitthöhe 78
- ,unkrautfrei 95
Reben mulchen 127
Regenschutz, Tomaten 69
Regenwasser sammeln 58 f.
Rhabarber düngen 99
- umpflanzen 109
- vortreiben 26
Rhizomsperre 24
Rhododendron Blüten ausknipsen 77
Ringelblume 85
Rollrasen 41
Rosen 6
- anhäufeln 7
- pflanzen 102
- ,Schnitt 25
- ,Erziehung 24
Rosenkohl 8, 11
Rosenwurz 38
Rosmarin 31
- schützen 117
Rostpilze bekämpfen 71
Rote Bete 11
Rückschnitt, Brombeeren 32
- ,Erdbeeren 88
- ,Frühjahrsblüher 53
- ,Gehölze 95
- ,Himbeeren 33
- ,Kräuter 29, 70
- ,Rosen 25
- ,sauberer 89
- ,Sommerblüher 15
- ,sommergrüne Sträucher 112
- ,Sommerhimbeeren 88
- ,Stauden 22, 66
- ,Tomaten 97, 105
- ,Ziergräser

S
Saatgut, eigenes 103
Saatreihen ausdünnen 71

Salat 54
Salbei 31
Schädlinge, Schwarze Johannisbeeren 127
Schädlingen vorbeugen 43
Schnecken 43
– ,Eier 117
– ,Schutz 42
Schnee 7 f.
Schneeheide 133
Schnitt, Steckhölzer
– sauberer 89
Schnittgut 122
Schnitthöhe, Rasen 78
Schnittlauch 31, 45
Schwarze Johannisbeeren, Schädlinge 127
Schwarzwurzel 11
Sommerblüher aussäen 22
– ,Rückschnitt 15
Sommerblumen auspflanzen 50
– aussäen 36
Sommergrüne Sträucher zurückschneiden 122
Sommerhimbeeren zurückschneiden 88
Sonnenblume 85
Sonnenbrand Stachelbeeren 72
Sonnenschutz Blumenkohl 82
Spalierobst 118
Spinat 11
Stachelbeeren, Sonnenschutz 72
Stachelnüsschen, Braunblättriges 39
Stangensellerie anhäufeln 81
Starkzehrer düngen 80
Stauden 114
– abschneiden 22
– düngen 36, 67
– pflanzen 36
– ,Ring 22
– ,Rückschnitt 66
– stützen 51
– teilen 23
– ,Winterschutz 114
Steckhölzer schneiden 7
Stecklinge schneiden 28, 86
Steingarten, Unkraut entfernen 37
Storchschnabel 39
Stroh, Erdbeeren 47
Strohpackung Erdbeeren 46
Stütze, Gemüse 68
– ,Obstbäume 99

T

Tagetes 85
Tausendblatt 76
Teich, Luftlöcher 24
– Netz 115
– Pflege 76, 115
Teilung, Kräuter 44, 106
– Pfingstrosen 95
– Stauden 23
Thymian 31
Tomaten 62 f
– ausgeizen 69
– ,Blüten entfernen 97
– pflanzen 54
– pflegen 69
– ,Regenschutz 69
– schneiden 97, 105
Topfkräuter überwintern 124
Treibglocken 26
Tulpe, Wild- 39
Tulpen düngen 23

U

Überwintern, Dahlien 115
– ,Topfkräuter 124
Umgraben 125
Umpflanzen, Rhabarber 109
Umtopfen 78
Unkraut 57, 86, 124
– im Steingarten 37
Unkrautfrei 124
Unterpflanzung, Bäume 95
Unterwasserpflanzen 76

V

Verdunstung 79
Verjüngungsschnitt 15
Vermehrung, Erdbeeren 91, 108
– ,Himbeeren 91
Vlies, Gemüse 43
Vorkeimen, Kartoffeln 27
Vorziehen, Gemüse 16

W

Wasser sparen 78
Wässern, Immergrüne 130
Wasserschosse entfernen 89
Weigelie, Rückschnitt 15
Wildtriebe abreißen 52
Wildtulpe 39
Winterblüher, Winterschutz 114
Wintergemüse 9 ff., 117
– abdecken 8
– ernten 116
– pflanzen 55
Winterjasmin 132
Winterkirsche 132
Winterling 133
Wintermahonie 133
Winterportulak 11
Winterschneeball 133
Winterschutz 6 f.
– ,Brombeerruten 108
– ,Gräser
– ,Immergrüne 6, 131
– ,Rosmarin 117
– ,Stauden 114
– ,Winterblüher 114
Wirsingkohl 11
Wurzelsperre 24

Z

Zaubernuss 133
Ziergräser abschneiden 22
Zucchini ernten 82
– ,Pflanzplatz 54
Zwergmispel, Teppich- 39
Zwiebelblumen köpfen 50
– pflanzen 102

BILDNACHWEIS

Mit 289 Farbfotos von

Flora Press: /Sibylle Pietrek (FocusOnGarden) S. 1, /Vision S. 2 uli, /Meyer-Rebentisch S. 10 oli, 116 re, /Christine Ann Föll S. 11 ore, /Otmar Diez S. 11 uMi, /Derek St. Romaine S. 33, /GWI S. 119 li, /Royal Horticultural S. 127 re;

GAP Photos: S. 70 li, /Thomas Alamy S. 105 li, /Gary Smith S. 126, /Jason Ingram S. 134 re;

Gartenschatz: S. 30 oli, 30 uMi, 31 ore, 31 uli, 31 ure, 38 oli, 39 uli, 84 uMi, 84 ure, 133 uli;

Häberli Fruchtpflanzen AG: S. 110 oben beide, 110 uli, 111 ore, 111 uli, 111 ure;

Thomas Heß: S. 2 oben beide, 2 ure, 4, 6 alle drei, 7 beide, 8, 9 beide, 10 uli, 12, 14 beide, 15 beide, 16 beide, 17, 18 beide, 19, 20, 22 beide, 23 alle drei, 24 alle vier, 25, 26 alle drei, 27 beide, 28 beide, 29, 30 ore, 30 uli, 30 ure, 31 oli, 31 oMi, 31 uMi, 32 beide, 34, 36 alle drei, 37 beide, 38 ore, 38 u alle drei, 39 o alle drei, 39 uMi, 39 ure, 40 beide, 41 beide, 42 alle drei, 43 beide, 44 beide, 45 beide, 46 alle drei, 47 beide, 48, 50 alle drei, 51 beide, 52 alle drei, 53, 54 beide, 55, 56, 57 beide, 58, 59 beide, 60 alle drei, 61 beide, 62, 64, 66 beide, 67 alle drei, 68 beide, 69 beide, 70 re, 71 beide, 72 beide, 73 beide, 74, 76 alle drei, 77 alle drei, 78 beide, 79 alle vier, 80 beide, 81 beide, 82 beide, 83 beide, 84 oben beide, 85 oben alle drei, 85 uli, 85 ure, 86 beide, 87 li, 88 beide, 89 alle drei, 90 beide, 91 beide, 92, 94 beide, 95 alle drei, 96 beide, 97 alle drei, 98 beide, 99 beide, 100, 102 alle drei, 103 alle drei, 104 re, 105 re, 106, 107 beide, 108 beide, 109 beide, 112, 114 beide, 115 alle drei, 116 li, 117 beide, 120, 122 alle drei, 123 alle drei, 124 beide, 125, 128, 130, 131 beide, 132 alle fünf, 133 oli, 133 uMi, 133 ure, 134 li, 135 beide, 137;

Kosmos Verlag: S. 84 uli;

Lubera AG: S. 63 alle sechs, 110 uMi, 110 ure, 111 oli, 111 oMi, 111 uMi, 133 oMi;

Mauritius Images: /Nigel Cattlin (Alamy) S. 104 li, /Hans-Roland Müller (blickwinkel) S. 119 re, /Steffen Hauser (botanikfoto/Alamy) S. 133 ore;

Bruno Nebelung GmbH: S. 10 ore, 10 oli, 11 uli;

Shutterstock: /Deyan Georgiev: S.10 uMi, /Graham Corney: S. 10 ure, / Dagmar Breu S. 11 oMi, /Gajus S. 11 ure, 144, /Marek Trawczynski S. 85 uMi, /on Pakhomov Andrey S. 87 re;

Friedrich Strauß: S. 118, 127 li;

Mit 15 Illustrationen von
Daniela Petrini, A-Reutte.

IMPRESSUM

Umschlaggestaltung von Gramisci Editorialdesign/Cornelia Sekulin unter Verwendung von fünf Farbfotos. Von Stocksy/Kkgas (Umschlagvorderseite), Thomas Heß (Umschlagrückseite sowie vordere Klappe außen) und Shutterstock/Marek Trawczynski (vordere Klappe innen).

Mit 294 Farbfotos und 15 Illustrationen.

Alle Angaben in diesem Buch sind sorgfältig geprüft und geben den neuesten Wissensstand bei der Veröffentlichung wieder. Da sich das Wissen aber laufend in rascher Folge weiterentwickelt und vergrößert, muss jeder Anwender prüfen, ob die Angaben nicht durch neuere Erkenntnisse überholt sind. Dazu muss er zum Beispiel Beipackzettel zu Dünge-, Pflanzenschutz- bzw. Pflanzenpflegemitteln lesen und genau befolgen sowie Gebrauchsanweisungen und Gesetze beachten.
Die Blütenfarben sind sortenabhängig, daher können auch Farben auf dem Markt sein, die im Buch nicht genannt werden. Die Blütezeiten sind ebenfalls sortenabhängig, aber auch klima- und standortabhängig. Die angegebenen Wuchshöhen und -breiten der Pflanzen sind Mittelwerte. Sie können je nach Nährstoffgehalt des Bodens variieren. Verschiedene Sorten können deutlich größer oder auch kleiner wachsen als die Art.

Unser gesamtes Programm finden Sie unter **kosmos.de**.
Über Neuigkeiten informieren Sie regelmäßig unsere Newsletter, einfach anmelden unter **kosmos.de/newsletter**

Gedruckt auf chlorfrei gebleichtem Papier

ISBN 978-3-440-16284-2

Projektleitung: Birgit Grimm
Redaktion: Birgit Grimm
Gestaltungskonzept: Gramisci Editorialdesign/ Cornelia Sekulin, München
Gestaltung und Satz: Daniela Petrini, A-Reutte
Produktion: Klaus Jost
Druck und Bindung: Print Consult GmbH, München
Printed in Austria / Imprimé en Autriche

MIX
Papier aus verantwortungsvollen Quellen
FSC® C084279

Zeitsparend gärtnern — im Rahmenbeet

MIT KOSMOS MEHR ENTDECKEN
MIT MUSTER-BEETEN
SEIT 1822

144 Seiten, ca. € (D) 14,99

Einfach loslegen und gesundes Gemüse selbst anbauen! Otmar Diez hat ein praktisches Rahmensystem für Beete entwickelt, das die zeitsparende und effektive Bewirtschaftung eines Gemüsegartens auch für Einsteiger und Selbstversorger mit wenig Zeit und Platz möglich macht.

Weitere Bücher — von Thomas Heß

128 Seiten, ca. € (D) 16,99

Umbauen satt wegwerfen! Das spart Geld, schont die Umwelt und macht Spaß. Und am Ende haben auch die Pflanzen etwas davon, wenn alte Paletten, Flaschen oder Töpfe eine zweite Chance im Garten bekommen. Wasserspender, Aussaatboxen, Staudenringe ... die über 35 Ideen hat Thomas Heß sich selbst ausgedacht und ausgiebig getestet.

kosmos.de